About the Cover

Machu Picchu, the "Lost City of the Incas", was discovered in 1911 by the American, Hiram Bingham. The steep slopes on which the Incas built this majestic city, and its remote location high in the Andes Mountains of Peru, made it impossible for the Spaniards to discover its whereabouts. Even today, no one knows for sure whether this was a sacred city, or a hidden fortress designed to protect the Incan nobility. Machu Picchu is an impressive monument to the great Incan Empire that ruled the Andean area of South America for centuries prior to the coming of the Spaniards.

GLENCOE SPANISH 1A
Bienvenidos

Conrad J. Schmitt

Protase E. Woodford

GLENCOE
McGraw-Hill

New York, New York   Columbus, Ohio   Mission Hills, California   Peoria, Illinois

Copyright ©1995 by the Glencoe Division of Macmillan/McGraw-Hill School Publishing Company. All rights reserved. Except as permitted under the United States Copyright Act, no part of this publication may be reproduced or distributed in any form or by any means, or stored in a database or retrieval system, without prior permission of the publisher.

Printed in the United States of America.

Send all inquiries to:
GLENCOE/McGraw-Hill
15319 Chatsworth Street
P.O. Box 9609
Mission Hills, CA 91346-9609

ISBN 0-02-646052-1 (Student Edition)
ISBN 0-02-646053-X (Teacher's Wraparound Edition)

3 4 5 6 7 8 9   AGH   99 98 97 96 95

Acknowledgments

We wish to express our deep appreciation to the numerous individuals throughout the United States who have advised us in the development of these teaching materials. Special thanks are extended to the people whose names appear here.

Kristine Aarhus
Northshore School District
Bothell, Washington

Kathy Babula
Charlotte Country Day School
Charlotte, North Carolina

Veronica Dewey
Brother Rice High School
Birmingham, Michigan

Anneliese H. Foerster
Oak Hill Academy
Mouth of Wilson, Virginia

Sharon Gordon-Link
Antelope Valley Unified High School
Lancaster, California

Leslie Lumpkin
Prince George's County Public Schools
Prince George's County, Maryland

Loretta Mizeski
Columbia School
Berkeley Heights, New Jersey

Robert Robison
Columbus Public Schools
Columbus, Ohio

Rhona Zaid
Los Angeles, California

Photography

Front Cover: Vikander, Brian/Westlight
Anup & Manojshah/Animals Animals: 120; AP/Wide World Photos: 83T, 125T, 199; Apesteguy, Francis/Gamma Liaison: 97L; Barrey, Bruno/Magnum Photos: 223; Bertsch, W./Bruce Coleman: 56; The Bettmann Archive: 83MR, 83B, 125B, 236, 237T; Carle, Eric/Bruce Coleman: 16R; Cohen, Stuart/Comstock: 162, 167B; Comstock: 167T; Dekovic, Gene: ixT, 2TL, 9B, 28T, 28BR, 97T, 119, 174–175, 203, 204–205, 217T, 220; Delgado, Luis: ixB, xT, xB, xiv–1, 2BR, 4L, 5B, 8, 27R, 28BL, 38–39, 42, 59B, 59M, 75, 85T, 88–89, 111T, 156, 186, 194, 219; Ebeling, John L./Bruce Coleman: 237BR; Edmanson, J.G./International Stock: 147; Erwitt, Elliott/Magnum Photos: 83L; Faris, Randy/Westlight: 60; Fischer, Curt: xM, xiB, xiiiB, 3, 6, 9T, 12–13, 23L, 26, 37B, 46, 53, 60–61, 62, 64–65, 74B, 78B, 84–85, 86, 92B, 101, 113, 117, 118, 126–127, 142, 146L, 152–153, 163, 168T, 201T, 213, 215B, 217B, 242–243; Fogden, M.P.L./Bruce Coleman: 122B; FPG International: 171; Frazier, David R.: xiT, 106, 108, 130, 144L, 212; Frerck, Robert/Odyssey Productions: 18, 30, 135; Frerck, Robert/Woodfin Camp: 85B, 177, 232; Giraudon/Art Resource, NY: 30 (Museo Bolivariano, Caracas, Venezuela), 124B (Prado Museum, Madrid, Spain), 240B (Prado Museum, Madrid, Spain); Gottschalk, Manfred/Westlight: 121BL, 239TR; Gscheidle, Gerhard: 150B; Heaton, Dallas & John/Westlight: 47, 123B, 123M; Inman, Nicholas: 43B, 48, 59T; Larrain, Sergio/Magnum Photos: 239M; Leah, David/Allsport USA: 196, 200–201, 201B, 234; Lepp, George D./Comstock: 239TL; Luongo, Laura/Gamma Liaison: 97R; Martson, Sven/Comstock: 32, 68, 185; McBrady, Stephen: 92, 105, 111B; McCain, Edward: 92T, 105, 111B; McDonnell, Kevin/Photo 20-20: 121T; Meiselas, Susan/Magnum Photos: 17L; Menzel, Peter: 22, 71, 110–111, 140, 148–149, 148T, 148M, 148B, 150T, 175, 224, 227; Muller, Kal/Woodfin Camp: 144R; Nichols, Michael/Magnum Photos: 239B; O'Rear, Chuck/Westlight: 122T; Philip, Charles/Westlight: 238; Pieuchot, Jean-Pierre/Image Bank: 112; Rogers, Martin: xiiB, 231; Ross, Bill/Westlight: 20L; Ryan, David/Photo 20-20: 121M; Sanuvo, Carlos/Bruce Coleman: 81; Sauer, Jennifer: xiiT, xiiiT, 2TR, 2BL, 2BM, 4R, 5T, 10, 16L, 17R, 20R, 21, 23R, 24, 33B, 34, 35B, 35T, 37B, 43T, 51, 54, 72, 74T, 77, 78T, 80, 87, 100, 104, 116, 134, 137, 146R, 148–149, 151, 159, 160, 161, 164, 166, 168B, 172, 174, 178–179, 187, 188, 202, 218, 237BL, 237BR; Scala/Art Resource, NY: 124T (Prado Museum, Madrid Spain), 240T(Prado Museum, Madrid Spain), 241(Prado Museum, Madrid Spain); Sheldon, Janice/Photo 20-20: 225M, 225T; Spurr, Joy/Bruce Coleman: 82; Vautier, Mireille/Woodfin Camp: 35M; Watts, Ron/Westlight: 27L; Zuckerman, Jim/Westlight: 34–35, 121BR, 225B, 226–227.

Special thanks to the following for their assistance in photography arrangements: The Prado Museum, Madrid, Spain; RENFE.

Illustration

Accardo, Anthony: 44–45; Broad, David: 29, 55, 79, 105, 143, 169, 195, 221; Gregory, Lane: 32, 49, 132–133, 206–207; Henderson, Meryl: 66–67; Kowalski, Mike: 5, 27, 157–158; Magnuson, Diana: 69–70; Mc Creary, Jane: 10, 139; Miller, Lyle: 40–41, 128–129, 180–181; Miyamoto, Masami: 192; Raymond, Larry: 12; Sanfilippo, Margaret: 76, 90–91, 94–95, 99; Spellman, Susan: 18–19, 50, 183–184, 210–211; Thewlis, Diana: 14–15, 25, 154–155; Torrisi, Gary: 7, 62, 103; Undercuffler, Gary: 216.

Realia

Realia courtesy of the following: Aldaba Ediciones, S.A.: 9; Ammex Asociados, S.A.: 54; Casa Vogue-España: 159; don balón: 182; Elle: 141; Hombre: Deportes, Foto: Mario Algaze: 190; Iberia Airlines: 219; LAN: 226; Marie Claire: 93; Más: 109; Mexicana: 208, 228; Mi Casa: 233; Pasatiempos Gallo, S.A.: 191; ©℗ 1993 RMM Records & Video Corp.: 96; Roca: 161; ℗© 1992 SBK Records, a division of EMI Records Group N.A.: 96; Secretaría General de Turismo-Turespaña: 31; © 1993 Sony Music Entertainment Inc.: 96; Starlux: 138; Tú: 55; TV y novelas: 109; Vanidades: 108, 130, 136; Viasa: 226.

Fabric designs: Guatemalan—contemporary fabric: 56; Mexican—Los Colores Museum, Corrales, New Mexico: 106; Peruvian—private collection: 30; Spanish—Musée National des Tissus, Lyon, France: 82.

Maps

Eureka Cartography, Berkeley, CA.

T = top   M = middle   B = bottom   L = left   R = right

Bienvenidos

CONTENIDO

BIENVENIDOS

A   Buenos días   2
B   ¿Qué tal?   3
C   Adiós   4
D   ¿Quién es?   6
E   ¿Qué es?   7
F   ¿Cuánto es?   8
G   Una limonada, por favor   9
H   ¿Cuál es la fecha de hoy?   10

CAPÍTULO 1

UN AMIGO O UNA AMIGA

VOCABULARIO	PALABRAS 1	¿Quién es? 14
	PALABRAS 2	¿De dónde soy? 18
ESTRUCTURA	Los artículos definidos e indefinidos	
	Formas singulares 22	
	La concordancia de los adjetivos	
	Formas singulares 24	
	El presente del verbo *ser*	
	Formas singulares 25	
CONVERSACIÓN	¡Hola! 28	
PRONUNCIACIÓN	Las vocales *a, o* y *u* 29	
LECTURA Y CULTURA	¿Una escuela secundaria o un colegio? 30	
REALIDADES	Unos jóvenes hispanos 34	
CULMINACIÓN	Comunicación oral y escrita 36	
	Reintegración 37	

CAPÍTULO 2
¿HERMANOS O AMIGOS?

VOCABULARIO	PALABRAS 1	¿Cómo son? 40
	PALABRAS 2	Los cursos escolares 44
ESTRUCTURA		Los sustantivos, artículos y adjetivos
		Formas plurales 48
		El presente del verbo *ser*
		Formas plurales 50
		La hora 52
CONVERSACIÓN		¿De qué nacionalidad son Uds.? 54
PRONUNCIACIÓN		Las vocales *e* e *i* 55
LECTURA Y CULTURA		Somos de Puerto Rico 56
REALIDADES		Las instituciones educacionales y los estudios 60
CULMINACIÓN		Comunicación oral y escrita 62
		Reintegración 63

CAPÍTULO 3
EN LA ESCUELA

VOCABULARIO	PALABRAS 1	La escuela 66
	PALABRAS 2	En la sala de clase 69
ESTRUCTURA		El presente de los verbos en *-ar*
		Formas singulares 73
		Tú y *usted* 76
CONVERSACIÓN		¡Qué bien hablas! 78
PRONUNCIACIÓN		Las consonantes *l, f, p, m* y *n* 79
LECTURA Y CULTURA		Dos escuelas de las Américas 80
REALIDADES		Escuelas, colegios y universidades 84
CULMINACIÓN		Comunicación oral y escrita 86
		Reintegración 87

CAPÍTULO 4

PASATIEMPOS DESPUÉS DE LAS CLASES

VOCABULARIO	PALABRAS 1	Después de las clases 90
	PALABRAS 2	Una fiesta 94
ESTRUCTURA		El presente de los verbos en *-ar*
		Formas plurales 98
		El presente de los verbos *ir, dar* y *estar* 100
		Las contracciones *al* y *del* 102
CONVERSACIÓN		Al trabajo o a la fiesta 104
PRONUNCIACIÓN		La consonante *t* 105
LECTURA Y CULTURA		El trabajo a tiempo parcial, ¿dónde? 106
REALIDADES		Un día en el mundo hispano 110
CULMINACIÓN		Comunicación oral y escrita 112
		Reintegración 113
NUESTRO MUNDO		Informes escolares 114
REPASO		Capítulos 1–4 116
FONDO ACADÉMICO		Las ciencias naturales 120
		Las ciencias sociales 122
		Las bellas artes 124

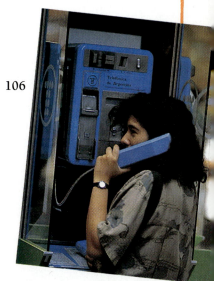

CAPÍTULO 5

ACTIVIDADES DEL HOGAR

VOCABULARIO	PALABRAS 1	¿Dónde vive? 128
	PALABRAS 2	Actividades en casa 132
ESTRUCTURA		El presente de los verbos en *-er* e *-ir* 136
		Sustantivos en *-dad, -tad* -y *-ión* 140
		La expresión impersonal *hay* 141
CONVERSACIÓN		¿Dónde vives? 142
PRONUNCIACIÓN		La consonante *d* 143
LECTURA Y CULTURA		Viviendas 144
REALIDADES		El hogar hispano 148
CULMINACIÓN		Comunicación oral y escrita 150
		Reintegración 151

CAPÍTULO 6

LA FAMILIA Y SU CASA

VOCABULARIO	PALABRAS 1 La familia 154	
	PALABRAS 2 La casa y el apartamento 157	
ESTRUCTURA	El presente del verbo *tener* 161	
	Tener que + el infinitivo 163	
	Ir a + el infinitivo 163	
	Los adjetivos posesivos 165	
CONVERSACIÓN	¿Tú tienes hermana? 168	
PRONUNCIACIÓN	Las consonantes *b* y *v* 169	
LECTURA Y CULTURA	La familia hispana 170	
REALIDADES	Momentos en la vida familiar 174	
CULMINACIÓN	Comunicación oral y escrita 176	
	Reintegración 177	

CAPÍTULO 7

LOS DEPORTES DE EQUIPO

VOCABULARIO	PALABRAS 1 El fútbol 180	
	PALABRAS 2 Otros deportes 183	
ESTRUCTURA	El presente de los verbos con el cambio *e > ie* 187	
	El presente de los verbos con el cambio *o > ue* 189	
	Los adjetivos de nacionalidad 192	
CONVERSACIÓN	¿Qué quieres jugar? 194	
PRONUNCIACIÓN	Las consonantes *s*, *c* y *z* 195	
LECTURA Y CULTURA	El Perú contra la Argentina 196	
REALIDADES	El fútbol: pasión popular 200	
CULMINACIÓN	Comunicación oral y escrita 202	
	Reintegración 203	

CAPÍTULO 8

UN VIAJE EN AVIÓN

VOCABULARIO	PALABRAS 1	En el aeropuerto 206
	PALABRAS 2	En el avión 210

ESTRUCTURA El presente de los verbos *hacer*, *poner*, *traer*, *salir* y *venir* 214
El presente progresivo 218

CONVERSACIÓN Está saliendo nuestro vuelo 220

PRONUNCIACIÓN La consonante *c* 221

LECTURA Y CULTURA El avión en la América del Sur 222

REALIDADES Los viajes 226

CULMINACIÓN Comunicación oral y escrita 228
Reintegración 229

NUESTRO MUNDO Los deportes 230

REPASO Capítulos 5–8 232

FONDO ACADÉMICO La biología: Gregor Mendel 236
La geografía: La geografía física 238
La pintura: Velázquez 240

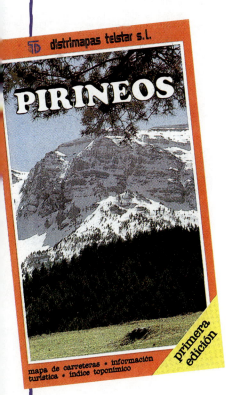

APÉNDICES

Mapas 244

Verbos 248

Vocabulario español-inglés 251

Vocabulario inglés-español 263

Índice gramatical 271

xiii

A
BUENOS DÍAS

—Hola, Manolo.
—Hola, Maricarmen.

—Buenos días, Juan.
—Buenos días, Emilio.

When greeting a friend in Spanish, you say *Hola* or *Buenos días*. *Hola* is a less formal way of saying hello.

Actividad

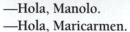 **¡Hola!** Choose a partner. Greet each other. Be sure to shake hands.

—Buenos días, señor.   —Buenas tardes, señora.   —Buenas noches, señorita.

1. When greeting an adult in Spanish, you say *Buenos días* in the morning, *Buenas tardes* in the afternoon, and *Buenas noches* in the evening, with the person's title. You do not use the person's name with the title.

2. The following are abbreviations for these titles.

    Sr. señor   Sra. señora   Srta. señorita

Actividades

A **Buenos días.** Greet your Spanish teacher.

B **Señor, señora, señorita.** Choose a partner. Greet the following people. Your partner will answer for the other person.

1. the principal of your school
2. your English teacher
3. a young saleswoman at a record shop
4. your neighbor, Mr. Smith
5. your parents' friend, Mrs. Jones

B
¿QUÉ TAL?

—Hola, Felipe.
—Hola, Susana. ¿Qué tal?
—Bien, ¿y tú?
—Muy bien, gracias.

1. When you want to find out from a friend how things are going, you ask:

    ¿Qué tal?

2. Responses to *¿Qué tal?* include:

    Bien, gracias.
    Muy bien. ¿Y tú?

Actividades

A ¡Hola! Greet a classmate with the following expressions. Then reverse roles.

1. ¡Hola!   2. ¿Qué tal?

B ¿Qué tal? You are walking down the street in Guadalajara, Mexico, when you run into one of your Mexican friends.

1. Greet each other.   2. Ask each other how things are going.

C
ADIÓS

—Adiós, Manolo.
—Adiós, Maricarmen.

—Chao, Gerardo.
—¡Chao! ¡Hasta luego!

1. The usual expression to use when saying "goodbye" is:

    ¡Adiós!

2. If you plan to see the person again soon, you can say:

    ¡Hasta pronto!   ¡Hasta luego!

3. An informal expression that you will hear frequently is:

    ¡Chao!

    Chao is an Italian expression, but it is used in Spanish and French.

4. If you plan to see someone the next day, you say:

   ¡Hasta mañana!

—¡Adiós! Hasta mañana.
—¡Adiós, señora! ¡Hasta mañana!

Conversación

—Hola, Paco.
—Hola, Teresa. ¿Qué tal?
—Bien, ¿y tú?
—Muy bien, gracias.

—Chao, Paco.
—Chao, Teresa. ¡Hasta luego!

Actividades

A ¡Hola! Say the following to a classmate. Your classmate will answer.

1. Hola.   2. ¿Qué tal?   3. ¡Adiós!   4. ¡Chao!

B ¡Adiós!

1. Say goodbye to your Spanish teacher. Indicate that you will see him or her tomorrow.
2. Say goodbye to a friend. Indicate that you will see him or her again soon.

D
¿QUIÉN ES?

Conversación

MUCHACHO 1: ¿Quién es?
MUCHACHO 2: ¿Quién? ¿La muchacha?
MUCHACHO 1: Sí, ella.
MUCHACHO 2: Pues es Casandra López.

(*She comes up to them.*)
MUCHACHO 2: Casandra, Felipe.
MUCHACHA: Hola, Felipe.
MUCHACHO 1: Hola, Casandra. Mucho gusto.

1. When you want to know who someone is, you ask:

    ¿Quién es?

2. When you want to identify a person, you use the name or *Es* with the person's name.

    (Es) Pablo Torres.

3. If you are pleased to meet the person you were introduced to, you can say:

    Mucho gusto.

Actividades

A ¿Quién es? Ask a classmate who someone else in the class is.

B Es... Introduce someone you know to another person in the class.

C ¿Quién? Prepare the following conversation with two classmates.

1. Greet your classmate.
2. Ask him or her who someone else is in the class.
3. Say hello to the new person.
4. Ask him or her how things are going.
5. Say goodbye to one another.

E
¿QUÉ ES?

1. When you want to know what something is, you ask:

    ¿Qué es?

2. When you want to identify the object, you use *es* + the name of the object.

    Es un bolígrafo. Es una calculadora.

Actividad

■ **Es...** Work with a classmate. Your classmate will hold up or point to five of the items above. He or she will ask you what each one is. You will respond.

F
¿CUÁNTO ES?

—¿Cuánto es el cuaderno, señora?
—Ochenta pesos.
—Gracias, señora.

1. When you want to find out how much something is, you ask:

    ¿Cuánto es?

2. Here are the numbers in Spanish from zero to two thousand.

0	cero				
1	uno	21	veinte y uno	31	treinta y uno
2	dos	22	veinte y dos	42	cuarenta y dos
3	tres	23	veinte y tres	53	cincuenta y tres
4	cuatro	24	veinte y cuatro	64	sesenta y cuatro
5	cinco	25	veinte y cinco	75	setenta y cinco
6	seis	26	veinte y seis	86	ochenta y seis
7	siete	27	veinte y siete	97	noventa y siete
8	ocho	28	veinte y ocho	143	ciento cuarenta y tres
9	nueve	29	veinte y nueve		
10	diez	30	treinta	200	doscientos
11	once			300	trescientos
12	doce	40	cuarenta	400	cuatrocientos
13	trece	50	cincuenta	500	quinientos
14	catorce	60	sesenta	600	seiscientos
15	quince	70	setenta	700	setecientos
16	dieciséis	80	ochenta	800	ochocientos
17	diecisiete	90	noventa	900	novecientos
18	dieciocho	100	cien, ciento	1 000	mil
19	diecinueve			2 000	dos mil
20	veinte				

3. Note that 100 is *cien* or *ciento*. You use *cien* before a noun and *ciento* with numbers from 101 to 199.

    cien pesos   ciento cinco pesos

Actividades

A ¿Cuánto es? Tell how many *pesos* are in the picture.

1.

2.

B En la tienda. You are in a store. Find out how much each item costs. A classmate will play the part of the salesperson. He or she will give you the price in *pesos*.

1. el cuaderno
2. el bolígrafo
3. la calculadora
4. la mochila
5. el libro

G

UNA LIMONADA, POR FAVOR

—Buenos días.
—Una limonada, por favor.
—Gracias.
—De nada.
—¿Cuánto es, por favor?
—Cien pesos, señorita.

1. Expressions of politeness are always appreciated. Below are the Spanish expressions for "please," "thank you," and "you're welcome."

   Por favor.   **Gracias.**   **De nada.**

2. Another way to express "you're welcome" is:

   No hay de qué.

Actividades

A **Por favor.** You're in a Mexican restaurant. Order the following foods. Be polite and add *por favor* to your request.

un taco

una enchilada

una tostada

un burrito

B **Una hoja de papel, por favor.** Ask a friend in class for the following items. Be polite. Thank your friend. He or she will be polite and say you're welcome.

—Una hoja de papel, por favor.
—Gracias.
—De nada. (No hay de qué.)

1. una hoja de papel
2. una goma
3. un cuaderno
4. una calculadora
5. un bolígrafo
6. un libro

H
¿CUÁL ES LA FECHA DE HOY?

—Sandra, ¿qué día es hoy?
—Hoy es miércoles.
—¿Y cuál es la fecha?
—El veinte y cinco.

1. The days of the week and the months of the year usually are not capitalized in Spanish.

    Hoy es martes.
    Hoy es martes, veinte y cinco de septiembre.

2. For the first day of the month *el primero* is used.

    el primero de enero
    el dos de agosto

Actividades

A ¿Qué día? Answer the following questions.

1. ¿Qué día es hoy?
2. ¿Cuál es la fecha de hoy?

B La fecha. Give the date of the following.

1. your birthday
2. Independence day
3. Christmas

Vocabulario

SUSTANTIVOS
señor
señora
señorita
el muchacho
la muchacha
una limonada
la fecha
lunes
martes
miércoles
jueves
viernes
sábado
domingo
enero
febrero
marzo
abril
mayo

junio
julio
agosto
septiembre
octubre
noviembre
diciembre
un cuaderno
un bolígrafo
un libro
una mochila
una goma
una hoja de papel
un banco
una silla
una pizarra
una tiza
una computadora
una calculadora

ADJETIVOS
primero(a)

OTRAS PALABRAS Y EXPRESIONES
hola
buenos días
buenas tardes
buenas noches
¿qué tal?
bien
gracias
adiós
chao
hasta pronto
hasta luego
hasta la vista
hasta mañana
mucho gusto
por favor

de nada
no hay de qué
¿quién es?
¿qué es?
¿cuánto es?
¿cuál es la fecha de hoy?

BIENVENIDOS 11

CAPÍTULO

1

UN AMIGO
UNA AMIGA

OBJETIVOS

In this chapter you will learn to do the following:

1. ask what someone is like
2. ask or tell where someone is from
3. describe yourself or someone else
4. tell some differences between Hispanic and American schools

VOCABULARIO

PALABRAS 1

¿QUIÉN ES?

el colegio
la escuela
el muchacho — la muchacha — la amiga
Manolo — el alumno — Elena — la alumna
el amigo

Guadalajara

¿Quién es mexicano?
Pablo es mexicano.
Pablo es de Guadalajara.
Él es alumno en un colegio.
Es alumno en el Colegio Hidalgo.
Pablo es amigo de José Luis.

¿Cómo es el muchacho?

¿Cómo es la muchacha?

Elena es alta. No es baja.
Ella es muy divertida.
Ella es alumna en una
escuela secundaria.

José es amigo de Elena.
Él es alto también.
No es bajo.
José es rubio.

Nota: Some words do not have a precise translation from one language to another. *Simpático* is such a word. *Simpático* conveys the meaning "nice," "pleasant," "warm," "understanding," "friendly," "congenial," all in one word. Its opposite is *antipático*. Frequently, Spanish speakers add the expressions ¿no?, ¿verdad? or ¿no es verdad? at the end of statements to change them into questions. If the person answering agrees, he or she will say *sí*, but if he or she disagrees, the answer will be *no*. For total disagreement one may add, *de ninguna manera*.

**Teresa es bastante tímida, ¿no?
No, no. De ninguna manera.
Es bastante divertida.**

CAPÍTULO 1

Ejercicios

A Un muchacho mexicano. Contesten. (*Answer.*)

1. ¿Es Manolo mexicano o colombiano?
2. ¿Él es de Bogotá o de Guadalajara?
3. ¿Él es alumno en el Colegio Hidalgo?
4. ¿Es el Colegio Hidalgo un colegio mexicano?
5. ¿Es Manolo amigo de José Luis?

La catedral de Guadalajara, México

B Una muchacha americana. Contesten. (*Answer.*)

1. ¿Es Elena una muchacha americana?
2. ¿Es ella de Los Ángeles?
3. ¿Es ella alumna en una escuela secundaria americana?
4. ¿Es alumna en una escuela en Los Ángeles?
5. ¿Es amiga de Bárbara Andrews?

C **¿Quién, Manolo o Elena?** Contesten. (*Answer.*)

1. ¿Quién es de Guadalajara?
2. ¿Quién es de Los Ángeles?
3. ¿Quién es alumno en un colegio mexicano?
4. ¿Quién es alumna en una escuela secundaria americana?

D **¿Cómo es Manolo?** Contesten. (*Answer.*)

1. ¿Cómo es Manolo? ¿Es alto o bajo?
2. ¿Cómo es Manolo? ¿Es rubio o moreno?
3. ¿Cómo es Manolo? ¿Es divertido o aburrido?
4. ¿Cómo es Manolo? ¿Es simpático o antipático?

E **De ninguna manera.** Contesten según el modelo. (*Answer according to the model.*)

¿Es alta Elena?
No, no. De ninguna manera.
Ella es baja.

1. ¿Es mexicana Elena?
2. ¿Es rubia Elena?
3. ¿Es ella aburrida?
4. ¿Es antipática?

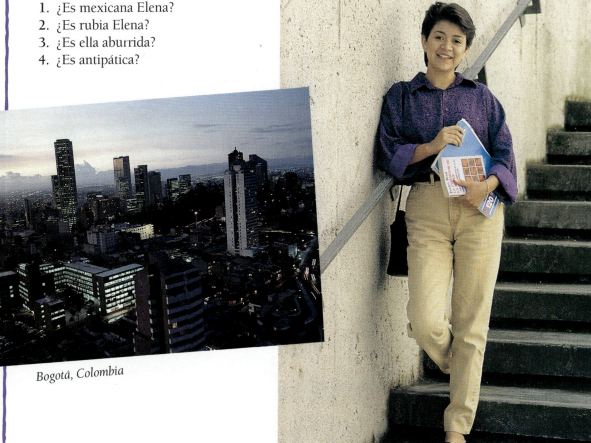

Bogotá, Colombia

CAPÍTULO 1   17

VOCABULARIO

PALABRAS 2

¿DE DÓNDE SOY?

Carlos es un amigo fantástico.
Él es un amigo muy bueno.

Teresa es una amiga fantástica.
Ella es una amiga muy buena.

Es Roberto Collins.
Roberto es americano.
Él es de California.

Es Teresa.
Teresa es una amiga de Roberto.

¿Quién soy y de dónde soy?

Nota: Many words that are similar or identical in Spanish and English are called cognates. Although they look alike and mean the same thing, they are pronounced differently. It is easy to guess the meaning of cognates. Here are some Spanish cognates.

fantástico	fantástica
tímido	tímida
atractivo	atractiva
sincero	sincera
serio	seria
honesto	honesta

Ejercicios

A **Roberto Collins.** Contesten. (*Answer.*)

1. ¿Quién es americano, Roberto Collins o Manolo Salas?
2. ¿De dónde es Roberto Collins? ¿Es de California o es de Guadalajara, México?
3. ¿De qué nacionalidad es Roberto? ¿Es americano o mexicano?
4. ¿Dónde es alumno Roberto? ¿En un colegio mexicano o en una escuela secundaria americana?

B **¿Cómo es la muchacha?** Describan a la muchacha. (*Describe the girl.*)

1. ___.   4. ___.
2. ___.   5. ___.
3. ___.

C **Isabel Torres.** Completen. (*Complete.*)

1. Isabel Torres es de México. Ella es ___. No es ___.
2. Isabel es alumna en un ___ mexicano. No es alumna en una ___ secundaria americana.
3. Isabel es ___. No es rubia.
4. ¿Es Isabel seria y aburrida? De ninguna manera. Ella es muy ___.
5. Ella es una amiga ___.

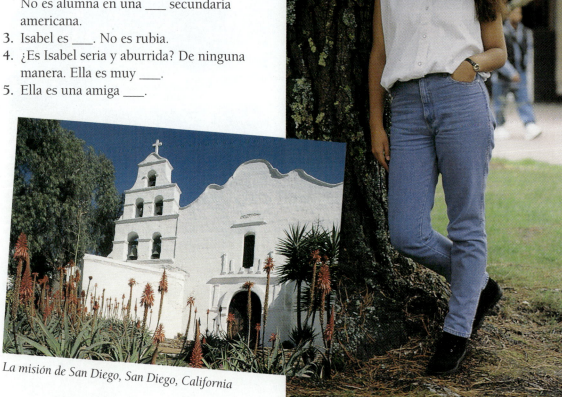

La misión de San Diego, San Diego, California

Comunicación
Palabras 1 y 2

A **¿Cómo es…?** Using words you have learned, describe a classmate without saying his or her name. Have your partner guess who the person is. Reverse roles.

B **¿Es aburrido?** Ask your partner what the following people are like, using the words in parentheses. If your partner agrees, he or she will add another word to describe the person. If not, he or she will use a word that describes the person in the opposite way.

> Juan (aburrido)
> Estudiante 1: ¿Es Juan aburrido?
> Estudiante 2: Sí. Es aburrido y antipático.
>   (No, de ninguna manera. Es divertido.)

1. Elena (alta)
2. José Luis (moreno)
3. Roberto (tímido)
4. Teresa (simpática)
5. Isabel (seria)
6. Arturo (honesto)
7. Bárbara (rubia)
8. Pedro (sincero)

C **¿Quién es el amigo de…?** Find out from your partner all you can about his or her friend: who the person is, where he or she is from, what he or she is like, where he or she is a student. Then reverse roles.

D **Una persona famosa.** You and your partner each make a list of very famous people (no more than ten), including entertainers, sports figures, politicians, scientists, etc. Try to include people from different countries. Show your lists to each other. Then, tell as much as you can about a person on your list and see if your partner can guess whom you are describing. Take turns, and see how many of your guesses are correct.

> Gloria Estefan
> Estudiante 1: Es morena, simpática y de Cuba.
> Estudiante 2: ¿Es María Conchita Alonso? ¿Es Gloria Estefan?
> Estudiante 1: No. / Sí. Muy bien.

ESTRUCTURA

Los artículos definidos e indefinidos
Formas singulares

Talking about One Person or Thing

LOS ARTÍCULOS DEFINIDOS

1. The name of a person, place, or thing is called a noun. In Spanish every noun has a gender, either masculine or feminine. Almost all nouns that end in *o* are masculine and almost all nouns that end in *a* are feminine.

2. You use the definite article *the* in English when referring to a definite or specific person or thing: *the girl, the boy*. Study the following examples with the definite article.

MASCULINO	FEMENINO
el muchacho	la muchacha
el alumno	la alumna
el colegio	la escuela

3. You use the definite article *el* before a masculine noun. You use the definite article *la* before a feminine noun.

Ejercicios

A **El muchacho mexicano y la muchacha americana.** Completen. (*Complete* with el *or* la.)

1. ___ muchacho no es americano. ___ muchacho es mexicano. ___ muchacha es americana.
2. ___ muchacho mexicano es Raúl y ___ muchacha americana es Sandra.
3. ___ muchacha es morena y ___ muchacho es rubio.
4. ___ muchacha es alumna en ___ Escuela Thomas Jefferson en Houston.
5. Y ___ muchacho es alumno en ___ Colegio Hidalgo en Guadalajara.

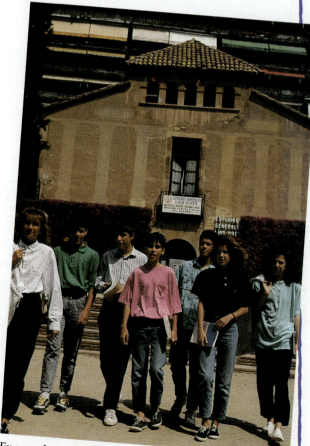

En un colegio en Barcelona, España

LOS ARTÍCULOS INDEFINIDOS

1. The Spanish words *un* and *una* are indefinite articles. They correspond to *a* (*an*) in English.

2. You use an indefinite article when speaking about a non-specific person or thing: *a boy, a school*. Study the following examples with the indefinite article.

MASCULINO	FEMENINO
un muchacho	una muchacha
un alumno	una alumna
un colegio	una escuela

3. You use the indefinite article *un* before all masculine nouns. You use the indefinite article *una* before all feminine nouns.

B **Un muchacho y una muchacha.** Completen. (*Complete with* un *or* una.)

1. Roberto es ___ muchacho americano y Lupita es ___ muchacha colombiana.
2. Roberto es ___ alumno muy serio.
3. Él es alumno en ___ escuela secundaria en Nueva York.
4. Lupita es ___ alumna muy seria también.
5. Ella es alumna en ___ colegio colombiano en Cali.

La concordancia de los adjetivos *Describing a Person or Thing*
Formas singulares

1. A word that describes a noun is an adjective. The italicized words in the following sentences are adjectives.

    El muchacho es *rubio*.   La muchacha es *rubia*.
    El alumno es *serio*.   La alumna es *seria*.

2. In Spanish, an adjective must agree in gender (masculine or feminine) with the noun it describes or modifies. If the noun is masculine, then the adjective must be in the masculine form. If the noun is feminine, the adjective must be in the feminine form. Many adjectives end in *o* in the masculine and *a* in the feminine.

    un muchacho tímido   una muchacha tímida

Ejercicios

A Elena y Roberto. Contesten. (*Answer.*)

1. ¿Es Elena americana o colombiana?
2. Y Roberto, ¿es él americano o colombiano?
3. ¿Es moreno o rubio el muchacho?
4. Y la muchacha, ¿es rubia o morena?
5. ¿Es Elena una alumna seria?
6. ¿Es ella alumna en un colegio colombiano?
7. Y Roberto, ¿es él un alumno serio también?
8. ¿Es él alumno en una escuela secundaria americana?

B ¿Quién es? Here are some adjectives that describe people. Select a class member and an adjective that describes that person. Then make up a sentence about him or her.

1. moreno
2. alto
3. rubio
4. serio
5. americano
6. divertido
7. bajo
8. simpático
9. fantástico
10. sincero

El presente del verbo *ser*
Formas singulares

Identifying People and Things

1. The verb "to be" in Spanish is *ser*. Note that the form of the verb changes with each person. Study the following.

SER	
yo	soy
tú	eres
él	es
ella	es

2. You use *yo* to talk about yourself. You use *tú* to address a friend. You use *él* to talk about a boy. You use *ella* to talk about a girl.

3. Since each form of the verb changes in Spanish, the subject pronouns *yo*, *tú*, *él*, and *ella* can be omitted. They are not always needed to clarify who performs the action.

   Soy Juan.
   Eres colombiano.
   Es un alumno serio.
   Es María.

4. To make a sentence negative in Spanish, put the word *no* before the verb.

   Yo soy americano.   **No soy cubano.**
   Ella es simpática.   **No es antipática.**

CAPÍTULO 1

Ejercicios

A **¿Quién es?** Lean o escuchen. (*Read or listen.*)

¡Hola!
Yo soy Susana Márquez.
Soy colombiana.
Yo soy de Bogotá.
Soy alumna en el Colegio Bolívar.

B **Susana Márquez.** Hablen de Susana. (*Talk in your own words about Susana.*)

C **¿Quién eres?** Practiquen la conversación. (*Practice the conversation.*)

MARTA: ¡Hola!
CARLOS: ¡Hola! ¿Quién eres?
MARTA: ¿Quién? ¿Yo?
CARLOS: Sí, tú.
MARTA: Pues, soy Marta. Marta González. ¿Y tú? ¿Quién eres?
CARLOS: Yo soy Carlos. Carlos Príncipe.
MARTA: ¿Eres americano, Carlos?
CARLOS: No, no soy americano.
MARTA: Pues, ¿de dónde eres?
CARLOS: Soy de México.
MARTA: ¡Increíble! Yo soy de México también.

D **Marta y Carlos.** Hablen de Marta y Carlos. (*Tell what you know about Marta and Carlos.*)

1. Marta...
2. Carlos...

E **Una entrevista.** Preguntas personales. (*Answer with yo.*)

1. ¿Eres americano(a) o cubano(a)?
2. ¿Eres alto(a) o bajo(a)?
3. ¿Eres moreno(a) o rubio(a)?
4. ¿Eres alumno(a)?
5. ¿Eres alumno(a) en una escuela secundaria?

F **Hola, Felipe.** Pregúntenle a Felipe Orama si es… (*Ask Felipe Orama if he is…*)

1. puertorriqueño
2. rubio
3. alumno
4. de Ponce

G **¿Eres chilena?** Pregúntenle a Catalina García si es… (*Ask Catalina García if she is…*)

1. de Chile
2. de Santiago
3. alumna
4. alumna en una escuela secundaria
5. amiga de Felipe Orama

H **Yo.** Digan. (*Give the following information about yourself.*)

1. name
2. nationality
3. profession
4. place you come from
5. physical description

La Casa de España en el viejo San Juan, Puerto Rico

CONVERSACIÓN

Escenas de la vida *¡Hola!*

DAVID: Hola. Eres Maricarmen Torres, ¿no?
MARICARMEN: Sí, soy yo. Y tú eres David Davis, ¿verdad?
DAVID: Sí, soy David.

MARICARMEN: Tú eres amigo de Inés Figueroa, ¿no?
DAVID: Sí, sí. Ella es una amiga fantástica, muy buena.

MARICARMEN: Es verdad. Es una persona muy sincera. ¿De dónde eres, David?
DAVID: Pues, soy de Chicago.
MARICARMEN: Ah, eres americano.

■ **¿Sí o no?** Contesten. (*Answer sí or no.*)

1. Maricarmen Torres es de Chicago.
2. David es amigo de Maricarmen Torres.
3. David es amigo de Inés Figueroa.
4. Inés Figueroa es una persona antipática.
5. David es colombiano.

Pronunciación   *Las vocales* a, o y u

When you speak Spanish, it is very important to pronounce the vowels carefully. The vowel sounds in Spanish are very short, clear, and concise. The vowels in English have several different pronunciations, but in Spanish they have only one sound. Imitate carefully the pronunciation of the vowels **a**, **o**, and **u**. Note that the pronunciation of **a** is similar to the **a** in *father,* **o** is similar to the **o** in *most,* and **u** is similar to the **u** in *flu.*

a	o	u
Ana	o	uno
Aldo	no	mucha
amiga	Paco	mucho
alumno	amigo	muchacho

Repeat the following sentences.

Ana es alumna.
Aldo es alumno.
Ana es amiga de Aldo.

alumna

Comunicación

A **¿De dónde es?** Ask your partner who each person below is. He or she will tell you the person's name and school. Ask where the person is from. Your partner will tell you the city. You then have to figure out and say what country the person is from.

1. Juan Pablo / Colegio Cervantes / México D.F.
2. Sandra / Instituto Ponce de León / San Juan
3. Isidro / Colegio Libertad / La Habana
4. Carlos / Colegio Colón / Madrid
5. Gloria / Academia Internacional / San Salvador

B **¿Cómo es tu amigo(a)?** Work with a classmate. You will each prepare a list of three friends. Then prepare a conversation about each of your friends. Use the model as a guide.

> Estudiante 1: María es una amiga.
> Estudiante 2: ¿Y cómo es María? ¿Es muy seria?
> Estudiante 1: ¿Quién? ¿María? No, de ninguna manera. Es muy divertida.

LECTURA Y CULTURA

¿UNA ESCUELA SECUNDARIA O UN COLEGIO?

Elena Ochoa es una muchacha colombiana. Ella es de Bogotá, la capital. Elena es alta y morena. Ella es muy simpática. Elena es una alumna muy buena y seria. Ella es alumna en el Colegio Simón Bolívar en Bogotá. Un colegio en Latinoamérica es una escuela secundaria en los Estados Unidos.

Estudio de palabras

Palabras. Busquen cinco palabras afines en la lectura. (*Find five cognates in the reading selection.*)

Simón Bolívar

Comprensión

A ¿Quién es? Contesten. (*Answer.*)

1. ¿Quién es colombiana?
2. ¿De dónde en Colombia es ella?
3. ¿Qué es Bogotá?
4. ¿Cómo es Elena?
5. ¿Qué tipo de alumna es ella?
6. ¿Es alumna en qué escuela?
7. ¿Qué es un colegio en Latinoamérica?

B Información. Busquen la información en la lectura. (*Find the information in the reading.*)

1. a Latin American country
2. the name of your country
3. the capital of Colombia
4. the name of a Latin American hero
5. the term for the group of Spanish-speaking countries in Central and South America

C **Es colombiana.** Escojan la respuesta correcta. (*Choose the correct answer.*)

1. Elena Ochoa es ___.
   a. una muchacha
   b. un muchacho
   c. americana
2. Ella es ___.
   a. de México
   b. americana
   c. de la capital de Colombia
3. La capital de Colombia es ___.
   a. Cali
   b. Bolívar
   c. Bogotá
4. Elena es ___.
   a. un muchacho
   b. americana
   c. alumna
5. Ella es alumna en ___.
   a. una escuela secundaria americana
   b. un colegio colombiano
   c. una escuela americana en Bogotá

DESCUBRIMIENTO CULTURAL

EN LOS ESTADOS UNIDOS	EN ESPAÑA Y LATINOAMÉRICA
la escuela primaria	la escuela primaria
la escuela intermedia	el liceo
la escuela superior	el colegio, el instituto, la academia
la escuela vocacional	el instituto técnico o vocacional
el colegio o la universidad	la universidad

*L*a educación es obligatoria en los Estados Unidos. ¿Es obligatoria también en España y en Latinoamérica? Sí, es obligatoria. ¿Hasta qué grado? Depende, ¿en qué país? ¿En Chile, en Venezuela, o en Puerto Rico? Es diferente en cada país.

LICENCIATURAS
Administración de Empresas
Sistemas Computacionales y Administrativos
Relaciones Internacionales
Comunicación Humana
Psicología Industrial
Psicología de la Conducta Social (Clínica)

BACHILLERATOS
Educación
Psicología General
Estudios de Política Internacional
Administración de Empresas

MAESTRÍAS
Economía
Estudios Latinoamericanos
Economía Política Internacional
Educación
Tutelaje y Terapia Familiar
Administración de Empresas
Psicopedagogía

DIPLOMADOS
Administración Financiera
Administración de Recursos Humanos

IDIOMAS
Inglés, Español, Francés

Aquí tienes los datos para cualquier cosa:
Taxco 432, Col. Juárez, o
Av. Hidalgo 823, Col. Juárez,
C.P. 55320, México, D. F.
Tel. 81 (3) 328 79 42

Un colegio en Puerto Rico

El Paseo del Río, San Antonio, Texas

Y AQUÍ EN LOS ESTADOS UNIDOS

Enrique Cárdenas es de Texas. Es texano. Es de la ciudad de San Antonio. San Antonio es una ciudad muy histórica. Enrique Cárdenas, como mucha gente en San Antonio, es de ascendencia mexicana. San Antonio es una ciudad bilingüe.

REALIDADES

Es María Teresa Grávalos **1**. Ella es mexicana. Es de la Ciudad de México, la capital. Ella es de Lomas de Chapultepec. Lomas de Chapultepec es una colonia muy bonita de la Ciudad de México. En México una colonia es una zona o región de una ciudad. Lomas de Chapultepec es una colonia residencial.

Es Felipe Irizarry **2**. Felipe es de Puerto Rico. Es puertorriqueño. Puerto Rico es una isla en el mar Caribe. Es una isla tropical. Felipe es de Santa María. Santa María es un suburbio de San Juan, la capital.

¡Hola! Yo soy Adela Santiago **3**. Sí, Santiago. Pero no soy de Santiago de Chile. No soy chilena. Soy peruana. Soy de San Isidro. San Isidro es un sector residencial de Lima, la capital. Yo soy alumna en una academia en Lima. Es una escuela privada. No es una escuela pública.

¡Hola! Yo soy Enrique, Enrique Cárdenas **4**. Yo soy de los Estados Unidos. Soy texano. Soy de San Antonio. Yo soy de ascendencia mexicana. Soy méxico-americano. Soy alumno en una escuela secundaria de San Antonio.

CULMINACIÓN

Comunicación oral

A **Características personales.** Make a list of characteristics you look for in a friend. Get together with up to four classmates and compile your lists. What three characteristics did most people want in a friend? The group secretary will report to the class.

B **En un café de Madrid.** You are seated at an outdoor café on the Gran Vía in Madrid, practicing the art of "people watching," when another tourist (your partner) sits next to you and starts a conversation. You introduce yourselves and say where each of you is from. You tell each other in what school you are a student and if it is fun or boring.

Comunicación escrita

A **Una carta.** You receive the following letter from a new pen pal. Following the example of your pen pal's letter, write him a reply.

B **¿Quién es?** On a piece of paper, write down five things about yourself. Your teacher will collect the descriptions and choose students to read the sentences to the class. Try to guess who is being described.

> Yo soy morena y alta. No
>   soy rubia.
> Yo soy divertida y sincera.
> ¿Quién soy yo?
> Eres ___.

¡Hola!

Soy Jorge Pérez Navarro. Soy de Madrid, la capital de España. Soy español. También soy alumno en el Colegio Sorolla. Es una escuela secundaria.

¿Cómo eres tú? Yo soy alto y rubio. También soy muy divertido. No soy muy serio. Y no soy tímido. ¡De ninguna manera!

Hasta pronto,

Jorge

Reintegración

■ **Un poco de cortesía.** Completen. (*Complete.*)

1. Una Coca-cola, ___.
2. Mucho ___, Elena.
3. ___, Roberto.
4. ¿ ___ tal?, María.
5. Muy bien, ___. ¿Y tú?

Vocabulario

SUSTANTIVOS
el muchacho
la muchacha
el amigo
la amiga
el alumno
la alumna
el colegio
la escuela

ADJETIVOS
alto(a)
bajo(a)
rubio(a)
moreno(a)
divertido(a)
aburrido(a)
simpático(a)
antipático(a)
fantástico(a)
atractivo(a)
sincero(a)
serio(a)
honesto(a)
tímido(a)
bueno(a)
malo(a)
secundario(a)
mexicano(a)
colombiano(a)
americano(a)

VERBOS
ser

OTRAS PALABRAS Y EXPRESIONES
también
bastante
¿verdad?
¿no es verdad?
de ninguna manera
quién
cómo
de dónde
de qué nacionalidad

CAPÍTULO

2

¿HERMANOS O AMIGOS?

OBJETIVOS

In this chapter you will learn to do the following:

1. describe people and things
2. talk about more than one person or thing
3. tell what subjects you take in school and express some opinions about them
4. tell time
5. tell at what time an event takes place
6. learn some things about Puerto Rico

VOCABULARIO

PALABRAS 1

¿CÓMO SON?

Juan y Paco
rubios

argentinos

Marta y Sarita
rubias

argentinas

los alumnos

las alumnas

los amigos

las amigas

los hermanos

las hermanas

CAPÍTULO 2

Marta y Sarita son argentinas.
Juan y Paco también son argentinos.
Los cuatros amigos son de Buenos Aires.
Ellos son alumnos en un colegio.

la clase

una clase pequeña

el profesor

una clase grande

Nota: Once again, you will see how many Spanish words you already know because they are cognates. You should have no trouble guessing at the meaning of these words.

inteligente	amable
interesante	popular
la clase	el curso

Some cognates are not obvious. *Fácil*, for example, means easy. Its English cognate is "facile", a word related to "facilitate". The opposite of *fácil* is *difícil*.

la profesora

CAPÍTULO 2   41

La avenida 9 de julio, Buenos Aires, Argentina

Ejercicios

A **Unos amigos argentinos.** Contesten. (*Answer.*)

1. ¿Son hermanos o amigos Juan y Paco?
2. ¿Son hermanas o amigas Marta y Sarita?
3. ¿Son de Argentina o de Puerto Rico los cuatro amigos?
4. ¿Son argentinos o puertorriqueños?
5. ¿Son de Buenos Aires o de San Juan?
6. ¿Son ellos alumnos en un colegio o en una escuela secundaria?

B **La clase de español.** Preguntas personales. (*Give your own answers.*)

1. ¿Quién es el profesor o la profesora de español?
2. ¿De qué nacionalidad es él o ella?
3. ¿Es grande o pequeña la clase de español?
4. ¿Cómo es el curso de español? ¿Es interesante o aburrido?
5. El español, ¿es fácil o difícil?
6. ¿Son muy inteligentes los alumnos de español?
7. ¿Son ellos serios?
8. ¿Es la clase de español una clase fantástica?

C **Lo contrario.** Busquen la palabra contraria. (*Match the opposite.*)

1. fácil
2. moreno
3. aburrido
4. grande
5. la hermana
6. el alumno
7. amable
8. alto

a. pequeño
b. el profesor
c. difícil
d. antipático
e. bajo
f. rubio
g. el hermano
h. interesante

D **¿No? Entonces, ¿cómo son?** Contesten según el modelo. (*Answer according to the model.*)

—Son muy amables, ¿no?
—No. De ninguna manera.
—Entonces, ¿cómo son?
—Pues, son antipáticos.

1. Son muy pequeños, ¿no?
2. Son muy aburridos, ¿no?
3. Son fáciles, ¿no?
4. Son divertidos, ¿no?
5. Son hermanos, ¿no?

VOCABULARIO

PALABRAS 2

LOS CURSOS ESCOLARES

> ¡Hola!
> Nosotros somos americanos.
> Uds. son americanos también, ¿no?
> Somos alumnos. Somos alumnos de español.
> Somos alumnos buenos en español.

Otros cursos, otras materias o disciplinas
Las ciencias

la biología

la química

la física

Las matemáticas

la aritmética   el álgebra   la geometría

la trigonometría

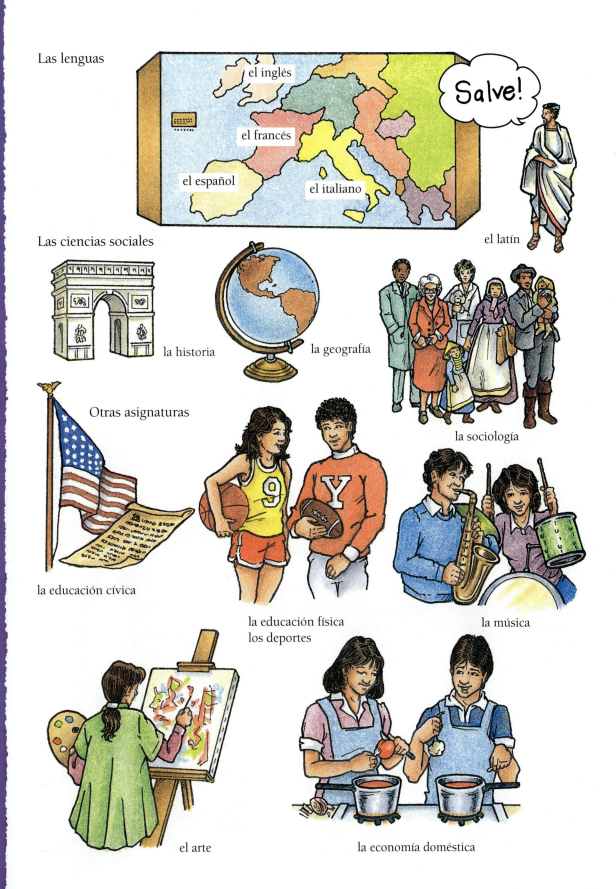

Ejercicios

A Alumnos americanos. Contesten. (*Answer.*)

1. ¿Son americanos los alumnos?
2. ¿Son alumnos en una escuela secundaria?
3. ¿Son alumnos de español?
4. ¿Son alumnos buenos o malos en español?
5. ¿Es fácil o difícil el curso de español?
6. ¿Es grande o pequeña la clase de español?

B ¿Ciencias, lenguas o matemáticas? Contesten con *sí* o *no*. (*Answer yes or no.*)

1. La biología es una ciencia.
2. La geometría y la trigonometría son partes de las matemáticas.
3. La química es una lengua.
4. El francés y el español son ciencias.
5. El arte y la música son cursos obligatorios.

C Cursos fáciles y cursos difíciles. Preguntas personales. (*Give your own answers.*)

1. ¿Es grande o pequeña la clase de español?
2. ¿Es el español un curso difícil o fácil?
3. ¿Qué es el español, una lengua o una ciencia?
4. ¿Qué cursos son fáciles?
5. ¿Y qué cursos son difíciles?
6. ¿Cómo es la historia, interesante o aburrida?

D ¿Qué curso o asignatura es? Identifiquen. (*Identify the course.*)

1. el problema, la ecuación, la solución, la multiplicación, la división
2. la literatura, la composición, la gramática
3. un microbio, un animal, una planta, el microscopio, el laboratorio
4. el círculo, el arco, el rectángulo, el triángulo
5. el piano, el violín, la guitarra, el concierto, la ópera
6. las montañas, los océanos, las capitales, los productos
7. la pintura, la estatua, la escultura
8. el gobierno, la nación, la comunidad, el municipio, el Congreso, el Senado, el partido político
9. el fútbol, el básquetbol, el béisbol, el vólibol, la gimnasia

Comunicación
Palabras 1 y 2

A **Las asignaturas.** Using the list of suggestions below, ask your partner if the subjects are as described. Your partner may agree, or disagree and describe them differently. Reverse roles.

> sociología / interesante
> Estudiante 1: ¿Es interesante la sociología?
> Estudiante 2: Sí, es interesante. (No, no es interesante. No.
>   De ninguna manera. Es aburrida.)

1. la gimnasia / divertida
2. la historia / difícil
3. la música / interesante
4. la educación física / opcional
5. la biología / fácil
6. la geometría / aburrida

B **Los profesores.** You and your partner make separate lists in Spanish of your daily classes. Add to your list of classes the names of your teachers. Swap lists. Then, taking turns, ask what your respective classes and teachers are like and give your opinions.

> Estudiante 1: ¿Cómo es la clase de historia?
> Estudiante 2: Es muy interesante.
> Estudiante 1: ¿Cómo es el/la profesor(a)?
> Estudiante 2: Es amable y divertido(a).

C **¡Qué clase tan difícil!** Divide into groups of three or four. In each group rate the courses you take as *fácil, difícil, regular*. After the ratings are tallied, report your results to the class.

D **En España.** You are spending the summer with a Spanish family in Córdoba. Your Spanish "brother" asks about your Spanish teacher. Describe your Spanish teacher to him.

La Gran Mezquita de Córdoba, España

CAPÍTULO 2

ESTRUCTURA

Los sustantivos, artículos y adjetivos
Formas plurales

Describing More than One Person or Thing

1. Plural means more than one. In Spanish, the plural of most nouns is formed by adding *s* to the noun.

SINGULAR	PLURAL
el muchacho	los muchachos
el colegio	los colegios
la amiga	las amigas
la escuela	las escuelas

2. The plural forms of the definite articles *el, la* are *los, las.* The plural forms of the indefinite articles *un, una* are *unos, unas.*

SINGULAR	PLURAL
el hermano	los hermanos
la alumna	las alumnas
un amigo	unos amigos
una alumna	unas alumnas

3. To form the plural of adjectives that end in *o, a,* or *e,* you add *s* to the singular form.

   El alumno es serio.
   Los alumnos son serios.

   La alumna es seria.
   Las alumnas son serias.

   La lengua es interesante.
   Las lenguas son interesantes.

4. To form the plural of adjectives that end in a consonant, you add *es.*

   El curso es fácil.
   Los cursos son fáciles.

   La lengua es fácil.
   Las lenguas son fáciles.

Ejercicios

A Los dos muchachos. Contesten. (*Answer.*)

1. ¿Son nuevos amigos los dos muchachos?
2. ¿Son ellos alumnos serios?
3. ¿Son inteligentes?
4. ¿Son alumnos buenos o malos en español?
5. ¿Son muchachos populares?

B ¿Cómo son? Describan a las personas. (*Describe the people.*)

1.
2.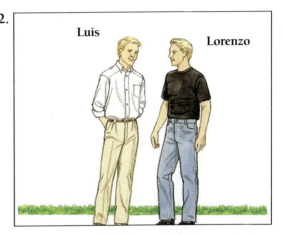
3.
4.

C La clase de la señora Ortiz. Completen. (*Complete.*)

1. La señora Ortiz es una profesora muy ___. (bueno)
2. Las clases de la señora Ortiz son ___ y ___. (interesante, divertido)
3. Los alumnos son muy ___ con la señora Ortiz. (amable)
4. La señora Ortiz es muy ___ y muy ___. (simpático, inteligente)
5. Las clases de la señora Ortiz no son ___. Son ___. (pequeño, grande)

El presente del verbo *ser*
Formas plurales

Talking about More than One Person or Thing

1. You have already learned the singular forms of the irregular verb *ser* "to be." Review them.

SER	
yo	soy
tú	eres
él	es
ella	es

2. Now study the plural forms of the verb *ser*.

SER	
nosotros(as)	somos
ellos	son
ellas	son
Uds.	son

3. When you speak about yourself and other people "we" you use *nosotros(as)*.

4. You use *ellas* when referring to two or more females.

5. You use *ellos* when referring to two or more males, or when referring to a group of males and females.

6. When speaking to more than one person, you use *ustedes*, usually abbreviated as *Uds*.

Ejercicios

A **Son amigos.** Contesten según se indica. (*Answer according to the cues.*)

1. ¿Son hermanos o amigos Jorge y José? (amigos)
2. ¿Son alumnos? (sí)
3. ¿Dónde son alumnos ellos? (en el Colegio Alfonso el Sabio)
4. ¿Son amigos de Laura y Teresa? (sí)
5. ¿Cómo son ellas? (divertidas)
6. ¿Son alumnas en la misma escuela? (no)
7. ¿Dónde son ellas alumnas? (en la Academia de Santa María del Pilar)

B **¿Qué son Uds.?** Practiquen la conversación. (*Practice the conversation.*)

LAS MUCHACHAS: ¿Son Uds. americanos?
LOS MUCHACHOS: Sí, somos americanos.
LAS MUCHACHAS: ¿Son Uds. alumnos?
LOS MUCHACHOS: Sí, somos alumnos. Y somos alumnos serios.
LAS MUCHACHAS: ¿En qué escuela son Uds. alumnos?
LOS MUCHACHOS: Somos alumnos en la Escuela George Washington.

Completen según la conversación. (*Complete according to the conversation.*)

1. Los muchachos ___ americanos.
2. Ellos ___ alumnos.
3. ___ alumnos muy serios.
4. ___ alumnos buenos.
5. ___ alumnos en la Escuela George Washington.
6. ¿___ americanas las muchachas?
7. ¿En qué escuela ___ alumnas las muchachas?
8. ¿Las muchachas ___ alumnas serias también?

C **Él, ella y yo.** Contesten. (*With a classmate, answer the following questions.*)

1. ¿Son Uds. hermanos o amigos?
2. ¿Son Uds. alumnos serios?
3. ¿En qué escuela son Uds. alumnos?
4. ¿Son Uds. alumnos en la misma clase de español o en clases diferentes?
5. ¿Son alumnos buenos en español?
6. ¿De qué nacionalidad son Uds.?

D **¿Y Uds.?** Formen preguntas. (*Ask your classmates questions as in the model.*)

americanos o cubanos
—María y José, ¿son Uds. americanos o cubanos?
—Somos cubanos.

1. americanos o mexicanos
2. bajos o altos
3. hermanos o amigos
4. morenos o rubios
5. divertidos o aburridos

CAPÍTULO 2 51

E **El amigo de Carlos.** Completen con *ser.* (*Complete with* ser.)

Yo ___₁ un amigo de Carlos. Carlos ___₂ muy simpático. Y él ___₃ muy divertido. Carlos y yo ___₄ dominicanos. Nosotros ___₅ de la República Dominicana.

La República Dominicana ___₆ parte de una isla en el mar Caribe. Nosotros ___₇ alumnos en un liceo en Santo Domingo, la capital. ___₈ alumnos de inglés. La profesora de inglés ___₉ la señora Robbins. Ella ___₁₀ americana. La clase de inglés ___₁₁ bastante interesante. Nosotros ___₁₂ muy buenos en inglés pero la verdad es que (nosotros) ___₁₃ muy inteligentes, ¿no? ¿Y Uds.? Uds. ___₁₄ americanos, ¿no? ¿Uds. ___₁₅ de dónde? ¿___₁₆ Uds. alumnos en una escuela secundaria? ¿___₁₇ Uds. alumnos de español?

La hora
Telling Time

1. Observe the following examples of how to tell time.

¿Qué hora es?

Es la una.

Son las dos.

Son las diez.

Son las doce.
Es el mediodía.
Es la medianoche.

Es la una y cinco.

Son las dos y diez.

Son las cuatro y veinte y cinco.

Son las cinco menos cinco.

Son las seis menos diez.

Son las diez menos veinte.

2. To indicate A.M. and P.M. in Spanish, you use the following expressions.

> Son las ocho de la mañana.
> Son las tres de la tarde.
> Son las once de la noche.

3. Note how to ask and tell what time something (such as a party) takes place.

> ¿A qué hora es la fiesta?
> La fiesta es a las nueve.

4. Note how to give the duration of an event (to indicate from when until when).

> La clase de español es *de* las diez *a* las once menos cuarto.

Ejercicios

A **El horario escolar.** Look at the following schedule and give the time of each class.

B **La hora.** Give the time on each clock.

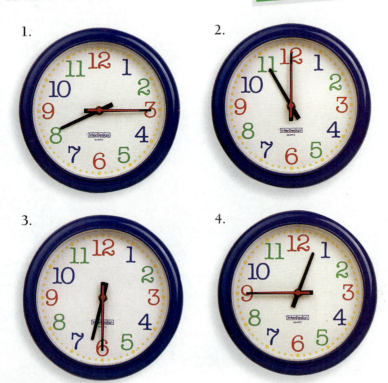

HORARIO ESCOLAR
Nombre: Luisa Morales Pérez   Año: 19—

Horas	Lunes	Martes	Miércoles	Jueves	Viernes
7-8	Español				
8-9	Inglés				
9-10	Educación Física				
10-11	Música				
11-12	////	////	////	////	////
12-1	Biología				
1-2	Química				
2-3	Trigonometría				

CAPÍTULO 2 53

CONVERSACIÓN

Escenas de la vida *¿De qué nacionalidad son Uds.?*

SAMUEL: ¿Uds. son americanos?
MARK: Sí, somos americanos. Y Uds. son mexicanos, ¿no?

DANIEL: Sí, somos de Coyoacán.
SARA: ¿Coyoacán?

DANIEL: Sí, es un suburbio de la Ciudad de México. Y Uds., ¿de dónde son?
SARA: Somos de Arlington, un suburbio de Washington.

■ **¿De dónde son?** Contesten. (*Answer.*)

1. ¿De dónde son los mexicanos?
2. ¿Y de dónde son los americanos?
3. ¿Son Coyoacán y Arlington suburbios o ciudades grandes?
4. ¿Cuál es la capital de México?
5. ¿Cuál es la capital de los Estados Unidos?
6. ¿Cuál es un suburbio de la Ciudad de México?
7. ¿Cuál es un suburbio de Wáshington?

Pronunciación Las vocales e, e i

The sounds of the Spanish vowels e and i are short, clear, and concise. The pronunciation of e is similar to the a in *mate* and the pronunciation of i is similar to the ee in *bee* or *see*. Imitate the pronunciation carefully.

e	i
Elena	Isabel
peso	Inés

Repeat the following sentences.

Elena es amiga de Felipe.
Inés es tímida.
Sí, Isabel es italiana.

tímido

Comunicación

A En Antigua. Work in groups of four. Two of you are visiting Central America. In the lovely little city of Antigua, Guatemala, you strike up a friendship with two other students. Get the following information from them.

1. their nationality
2. where they are from
3. if they are high school or junior high school students
4. what the students are like in their school
5. what their teachers are like
6. if their classes are easy or difficult

B ¿A qué hora es la clase? Write down your school schedule showing when each of your classes begins. Swap schedules with your partner. Then take turns asking each other when each of your classes is. Decide who has the best schedule.

matemáticas 8:00
Estudiante 1: ¿A qué hora es la clase de matemáticas?
Estudiante 2: Es a las ocho.

CAPÍTULO 2   55

LECTURA Y CULTURA

SOMOS DE PUERTO RICO

¿Quiénes somos? Pues, somos Ángel y Suso. Nosotros no somos hermanos pero somos muy buenos amigos. Somos puertorriqueños. Somos de San Juan, la capital de Puerto Rico. Puerto Rico es una isla tropical en el mar Caribe. Puerto Rico es una parte de los Estados Unidos. Es un estado libre asociado[1]. Así que nosotros somos ciudadanos[2] americanos como[3] Uds.

Las escuelas en Puerto Rico son como las escuelas en los Estados Unidos. Somos alumnos en una escuela secundaria, la Escuela Asenjo. La Escuela Asenjo es una escuela pública. Nosotros somos alumnos de inglés. Y somos alumnos de español. Pero para nosotros el español no es una lengua extranjera[4]. Para nosotros el inglés es una segunda[5] lengua.

[1] estado libre asociado *commonwealth*
[2] ciudadanos *citizens*
[3] como *like*
[4] extranjera *foreign*
[5] segunda *second*

Estudio de palabras

A **Palabras afines.** Busquen cinco palabras afines. (*Find five cognates in the reading.*)

B **¿Cuál es la palabra?** Den la palabra correcta. (*Give the word being defined.*)

1. de Puerto Rico
2. de los trópicos
3. la ciudad principal de una nación o de un país
4. una institución educativa
5. de otro país o nación
6. lo contrario de privado

El área del Condado, San Juan, Puerto Rico

Comprensión

A **Ángel y Suso.** Contesten según la lectura. (*Answer according to the reading.*)

1. ¿Quiénes son Ángel y Suso?
2. ¿De dónde son ellos?
3. ¿Cuál es la capital de Puerto Rico?
4. ¿Es Puerto Rico una península?
5. ¿Qué es Puerto Rico?
6. ¿Puerto Rico es parte de qué país o nación?
7. ¿Qué son los puertorriqueños?
8. ¿Cómo son las escuelas en Puerto Rico?
9. ¿Dónde son alumnos Ángel y Suso?
10. Para ellos, ¿cuál es una lengua extranjera?

B **La geografía.** ¿Sí o no? (*Yes or no?*)

1. Puerto Rico es una península.
2. Puerto Rico es una parte de España.
3. Puerto Rico es un país independiente.
4. La lengua de los puertorriqueños es el español.
5. Los puertorriqueños son ciudadanos de España.

Una calle en el viejo San Juan, Puerto Rico

DESCUBRIMIENTO CULTURAL

La hora no es la misma en todas partes. La hora en una ciudad es diferente de la hora en otra ciudad. Es el mediodía en Nueva York. Es la una de la tarde en San Juan y son las seis de la tarde en Madrid. La diferencia entre la hora de Nueva York y la hora de Madrid es de seis horas. Es el huso horario.

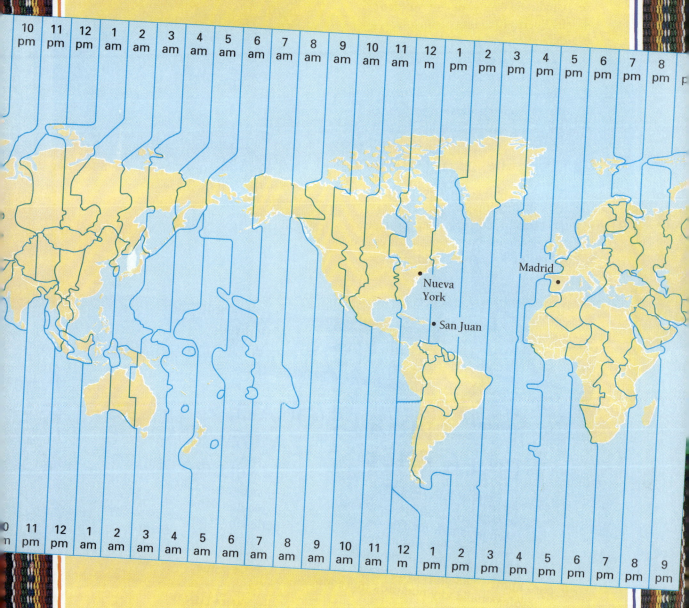

En Latinoamérica muchas escuelas son privadas. La mayoría de los muchachos de las familias de la clase media y de la clase alta son alumnos en escuelas privadas. Muchas escuelas privadas en los países latinoamericanos son religiosas —católicas o protestantes. Hay escuelas coeducacionales o mixtas, para muchachos y muchachas; pero muchas escuelas son solamente para muchachos o solamente para muchachas.

La situación es diferente en Puerto Rico. Hay escuelas privadas en Puerto Rico pero hay también muchas escuelas públicas. Las escuelas públicas en Puerto Rico son como las escuelas públicas de los Estados Unidos.

Y AQUÍ EN LOS ESTADOS UNIDOS

Hay más de un millón de alumnos de español en las escuelas públicas y privadas. El español es la lengua extranjera más popular en el país en las escuelas y en las universidades.

REALIDADES

Es una escuela intermedia en Puerto Rico **1**. Es una escuela pública.

Es una escuela privada en la Argentina **2**. Todas las alumnas de la escuela son muchachas. Los uniformes son obligatorios.

Es **3** el Instituto Tecnológico de Monterrey. Los cursos son profesionales.

Es la Universidad de Puerto Rico **4**.

CULMINACIÓN

Comunicación oral

A **Es tarde.** Ask your partner if the following classes are at the times listed. Unfortunately, your times are always thirty minutes late! Your partner will give you the correct class time by adding on thirty minutes.

> física/8:45
> Estudiante 1: ¿Es la clase de física a las nueve menos cuarto?
> Estudiante 2: No. Es a las nueve y cuarto.

1. arte/2:00
2. historia/1:10
3. francés/9:30
4. música/10:45
5. geometría/12:20
6. inglés/8:00
7. biología/11:10
8. español/9:55

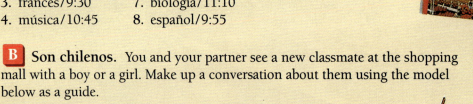

B **Son chilenos.** You and your partner see a new classmate at the shopping mall with a boy or a girl. Make up a conversation about them using the model below as a guide.

> dos muchachos/Cuba
> Estudiante 1: ¿Son hermanos los dos muchachos?
> Estudiante 2: No. Son amigos. Y no son americanos.
> Estudiante 1: ¿No? ¿De dónde son?
> Estudiante 2: De Cuba.

1. dos muchachos/Colombia
2. un muchacho y una muchacha/Puerto Rico
3. dos muchachos/México
4. dos muchachas/Chile

Comunicación escrita

A **Una carta de un amigo.** In a letter, your friend asks you about your classes and teachers this year. Write the answers to your friend's questions.

1. ¿A qué hora es la clase de inglés?
   ¿Quién es el/la profesor(a)?
   ¿Cómo es?
2. ¿Cuántos alumnos hay en la clase de español?
   ¿Cómo es el/la profesor(a)? ¿Es serio(a) o divertido(a)?
   ¿A qué hora es la clase?
3. ¿Es obligatoria la clase de ciencia?
   ¿Cómo es la clase?
   ¿Quién es el/la profesor(a)?

B **Otra carta.** Using the information from Actividad A, write a paragraph about your classes, teachers, and schedule that you could include in your letter of response to your friend.

Reintegración

El amigo. Cambien a la forma singular. (*Change to the singular.*)

1. Los amigos son americanos.
2. Ellos son de Nueva York.
3. Y las muchachas son de Santo Domingo.
4. Ellas son dominicanas.
5. Nosotros somos de Montevideo.
6. Somos alumnos en el Colegio Latinoamericano en Cartagena.

Vocabulario

SUSTANTIVOS
el hermano
la hermana
la clase
el profesor
la profesora
el curso
la materia
la disciplina
las ciencias
la biología
la química
la física
las matemáticas
la aritmética
el álgebra
la geometría
la trigonometría
las lenguas
el inglés
el español
el francés
el italiano
el latín
las ciencias sociales
la historia
la geografía
la sociología
la educación cívica
la educación física
el deporte
el arte
la música
la economía doméstica

ADJETIVOS
pequeño(a)
grande
inteligente
interesante
fácil
difícil
amable
popular
otro(a)
argentino(a)
puertorriqueño(a)

OTRAS PALABRAS
Y EXPRESIONES
¿Qué hora es?
¿A qué hora?
el mediodía
la medianoche

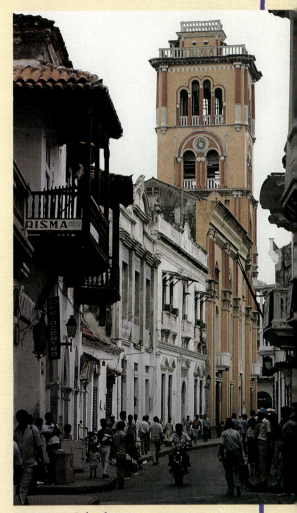

Cartagena, Colombia

CAPÍTULO 2

CAPÍTULO

3

EN LA ESCUELA

OBJETIVOS

In this chapter you will learn to do the following:

1. talk about going to school
2. talk about some school activities
3. ask for information
4. speak to people formally and informally
5. learn some differences between schools in the United States and Spanish-speaking countries

VOCABULARIO

PALABRAS I

LA ESCUELA

la profesora
el profesor
llegar a la escuela
llegar en el bus escolar
llegar en autobús
una mochila
llevar los libros en una mochila
en carro
en coche
a pie

Ejercicios

A ¡A la escuela! Contesten. (*Answer.*)

1. ¿Llega Juan a la escuela a las ocho?
2. ¿Llega a pie o en el bus escolar?
3. ¿Lleva los libros en una mochila?
4. ¿Entra Juan en la sala de clase?
5. ¿Habla con el profesor?
6. ¿Habla español o inglés con el profesor?

B ¡A la clase de español! Contesten según se indica. (*Answer according to the cues.*)

1. ¿Cómo llega Teresa a la escuela? (a pie)
2. ¿Cuándo llega? (a eso de las ocho)
3. ¿En qué lleva los libros? (en una mochila)
4. ¿Lleva uniforme a la escuela? (no)
5. ¿En dónde entra Teresa? (en la sala de clase)
6. ¿Qué clase? (la clase de español)
7. ¿Cómo es la clase de español? (interesante)
8. ¿A qué hora es la clase? (a las ocho y media)
9. ¿Quién es la profesora de español? (la señora García)
10. ¿Cómo es ella? (simpática)
11. ¿Cuántas lenguas habla? (dos)
12. ¿Qué habla Teresa con la señora García? (español)

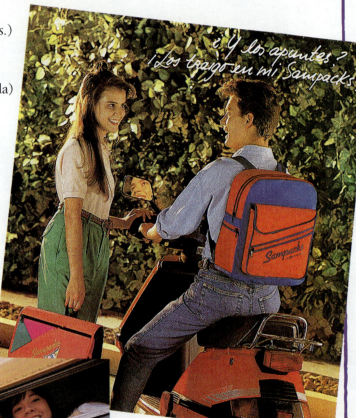

VOCABULARIO

PALABRAS 2

EN LA SALA DE CLASE

el libro
el cuaderno
el bloc
la libreta
el examen
el pizarrón   la pizarra
una nota buena   una nota mala
una nota alta   una nota baja

El alumno estudia la lección.   Mira el libro.

CAPÍTULO 3

Mira la pizarra.

La alumna toma apuntes en el cuaderno.

Ella toma un examen.

Saca una nota buena.

La profesora enseña. Ella enseña bien.

Ejercicios

A Paco estudia mucho. Contesten. (*Answer.*)

1. ¿Estudia mucho Paco?
2. ¿Toma cinco cursos?
3. ¿Estudia español?
4. ¿Toma apuntes Paco en la clase de español?
5. ¿Toma un examen?
6. ¿Es difícil o fácil el examen?
7. ¿Saca Paco una nota buena o mala en el examen?

B Palabras interrogativas. Escojan la respuesta correcta. (*Choose the correct response.*)

1. ¿Cómo llega Roberto a la escuela?
   a. a pie   b. a las ocho
2. ¿Cuándo llega a la escuela?
   a. en el bus escolar   b. a eso de las ocho
3. ¿Cómo es la clase de español?
   a. interesante   b. a las ocho y media
4. ¿Quién enseña?
   a. español   b. el profesor
5. ¿Qué enseña?
   a. español   b. el profesor
6. ¿Cuántos cursos toma Roberto?
   a. a las ocho   b. cinco

Una escuela privada en Buenos Aires, Argentina

C ¿Qué? ¿Quién? ¿Cuándo? ¿Dónde? ¿Cuánto? ¿Cómo? Formen preguntas. (*Make up questions.*)

<u>Rosita</u> estudia francés en la Escuela Horace Mann.
<u>¿Quién</u> estudia francés en la Escuela Horace Mann?

1. <u>Rosita</u> estudia español en la Escuela Horace Mann.
2. Rosita estudia <u>español</u> en la Escuela Horace Mann.
3. Rosita estudia español <u>en la Escuela Horace Mann</u>.
4. Rosita llega a la escuela <u>a eso de las ocho</u>.
5. Ella toma <u>cinco</u> cursos.
6. La clase de español es <u>muy interesante</u>.

D Es lo mismo. Busquen la palabra que significa lo mismo. (*Find the word that means the same.*)

1. en coche
2. el cuaderno
3. la nota buena
4. la pizarra
5. la nota
6. a eso de

a. la nota alta
b. la calificación
c. en carro
d. aproximadamente
e. la libreta, el bloc
f. el pizarrón

Comunicación
Palabras 1 y 2

A **¿Quién enseña…?** Prepare a school schedule by asking a classmate the number of courses he or she takes, the time of each course, and the teacher.

B **Mi horario.** Based on the schedule done above, ask a classmate if he or she gets good or bad grades, which courses are easy, and which ones are hard. After you interview your classmate have him or her ask you about your schedule.

C **La clase de inglés.** You are thinking about transferring into some of your friend's classes, but first you want to get your facts straight. Find out from your partner who the English teacher is and if the teacher teaches well. Your partner will tell you who the teacher is and how the class really is. Follow the model. Then continue the conversation using other subjects, like math, science, or history.

> Estudiante 1: ¿Quién es tu profesor(a) de inglés?
> Estudiante 2: Es el señor Burton.
> Estudiante 1: ¿Enseña bien?
> Estudiante 2: Sí. La clase es fantástica. (No, de ninguna manera.
>   La clase es bastante aburrida.)

ESTRUCTURA

El presente de los verbos en *-ar* Formas singulares

Describing People's Activities

1. A verb is a word that expresses an action or a state of being. Words such as *llevar, llegar, entrar,* and *hablar* are verbs. In Spanish all verbs belong to a family or conjugation. Verbs that end in *-ar* are called first conjugation verbs because the infinitive form *hablar* "to speak" ends in *-ar.* The infinitive is the basic form of the verb that you find in the dictionary. These are called regular verbs because they follow the same pattern and have the same endings.

    llegar   entrar   estudiar
    tomar   hablar   mirar

2. To form the present tense, you drop the *-ar* of the infinitive to form the stem.

    hablar   habl-
    entrar   entr-

3. To this stem you add the appropriate endings for each person. Study the following chart.

INFINITIVE	HABLAR	ENTRAR	ENDINGS
STEM	habl-	entr-	
yo	hablo	entro	-o
tú	hablas	entras	-as
él	habla	entra	-a
ella	habla	entra	-a

4. Since the verb ending shows who is performing the action, the subject pronoun is often omitted.

    (Yo) Hablo inglés.
    (Tú) Estudias español.

5. To make a sentence negative, you put *no* in front of the verb.

    No hablo francés. Hablo español.

CAPÍTULO 3   73

Ejercicios

A **¿Estudias español?** Practiquen la conversación. (*Practice the conversation.*)

ANDRÉS: Oye, Enrique. Tú hablas español, ¿no?
ENRIQUE: Sí, amigo, hablo español.
ANDRÉS: Pero tú no eres español, ¿verdad?
ENRIQUE: No, hombre. Pero estudio español en la escuela.
ANDRÉS: Hablas muy bien.
ENRIQUE: Pues, gracias. Tomo un curso de español con la señora Ortiz.

Contesten según la conversación. (*Answer according to the conversation.*)

1. ¿Habla español Enrique?
2. ¿Cómo habla español?
3. ¿Es español?
4. ¿Estudia español?
5. ¿Dónde estudia español?
6. ¿Con quién toma un curso de español?
7. ¿Quién es la profesora de español?
8. ¿Qué opinas? ¿Enseña bien la señora Ortiz o no?

B **Entrevista.** Preguntas personales. (*Give your own answers.*)

1. ¿A qué hora llegas a la escuela?
2. ¿Qué estudias en la escuela?
3. ¿Tomas un curso de español?
4. ¿Hablas con la profesora cuando entras en la sala de clase?
5. ¿Hablas español o inglés en la clase de español?
6. ¿Hablas bien?
7. ¿Estudias mucho?
8. ¿Qué nota sacas en español?

C **¿Sí o no?** Sigan el modelo. (*Follow the model.*)

> biología
> Sí, yo tomo un curso de biología. Estudio biología con (el profesor).
>   Saco una nota ___ en biología.
> (No, no tomo un curso de biología. No estudio biología.)

1. geometría
2. historia
3. inglés
4. ciencias
5. español

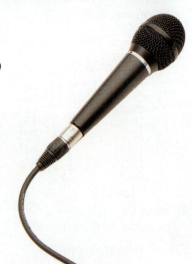

D **¡Hola, Rosita! ¿Hablas inglés?** Rosita Martínez is from Buenos Aires. Find out the following about her. Use *tú* in your questions.

1. if she speaks English
2. if she takes a course in English
3. if she studies a lot
4. if she gets a good grade in English
5. in what school she studies English

E **Yo estudio español.** Completen. *(Complete.)*

¡Hola! Yo ___ (ser) Roberto. Yo ___ (ser) alumno(a) en la Escuela ___
   1   2
en ___ . En la escuela yo ___ (tomar) un curso de español. Yo ___ (estudiar)
                           3   4
español con la señora Ortiz. Ella ___ (ser) muy simpática y ___ (enseñar) muy
                                  5   6
bien. Yo ___ (hablar) mucho con la señora Ortiz. Yo ___ (ser) un(a)
         7   8
alumno(a) bastante serio(a) y ___ (sacar) una nota buena en español.
                              9

Tú también ___ (ser) alumno(a), ¿no? ¿En qué escuela (estudiar) ___?
            10   11
¿(Tomar) ___ (tú) un curso de español como yo? ¿Qué nota ___ (sacar) en
          12   13
español?

Tú y usted

Talking to People Formally or Informally

1. In Spanish there are two ways to say "you." You use *tú* when talking to a friend, a person your own age, or to a family member. *Tú* is called the informal or familiar form of address.

2. You use *usted* when talking to an older person, a person you do not know well or anyone to whom you wish to show respect. The *usted* form is polite or formal. *Usted* is usually abbreviated to *Ud. Ud.* takes the same verb ending as *él* or *ella*.

3. The *Ud.* form of the irregular verb *ser* that you learned in Chapter 2 is *es*.

Ejercicios

A **Señor, señora o señorita.** Pregúntenle al profesor o la profesora. (*Ask your Spanish teacher.*)

1. if he or she speaks French
2. if he or she teaches history
3. at what time he or she gets to school

B **¿Tú o Ud.?** Formen preguntas. (*Look at each picture. Ask each person his or her nationality, and if he or she speaks English and studies French. Use* tú *or* Ud. *as appropriate.*)

1.

2.
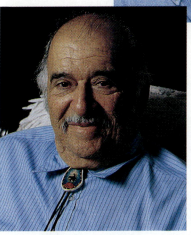

3.

4.

CONVERSACIÓN

Escenas de la vida ¡Qué bien hablas!

ROBERTO: ¡Hola!
SUSANA: ¡Hola! ¿Quién eres?
ROBERTO: Yo soy Roberto, Roberto Davidson.
SUSANA: Y yo soy Susana del Río.

ROBERTO: Mucho gusto, Susana.
SUSANA: ¿De dónde eres, Roberto?
ROBERTO: Soy de Miami.

SUSANA: Ah, eres americano pero hablas muy bien el español.
ROBERTO: Pues, no hablo muy bien. Sólo hablo un poco. Estudio español en la escuela.
SUSANA: No, no. La verdad es que hablas muy bien, Roberto.
ROBERTO: Gracias, Susana. Eres muy amable.

A ¡Qué bien hablas! Contesten. (*Answer.*)

1. ¿Con quién habla Roberto?
2. ¿De qué nacionalidad es él?
3. ¿Habla Roberto español?
4. ¿Cómo habla Roberto español?
5. ¿Y qué opinas? ¿Es americana Susana?
6. ¿Habla ella español?

B Usted habla español. The language Roberto and Susana used in their conversation was rather familiar. Repeat the conversation in a more formal style using *Ud.* rather than *tú*.

Pronunciación Las consonantes l, f, p, m, n

The pronunciation of the consonants **l**, **f**, **p**, **m**, and **n** is quite similar in both Spanish and English. However, the **p** is not followed by a puff of breath as it often is in English. When you make the **p** sound in Spanish you round your lips.

    la   le   li   lo   lu
La sala de Lolita es elegante.

    ma   me   mi   mo   mu
El amigo de Manolo toma un momento.

    na   ne   ni   no   nu
Ana no es una alumna nueva.

    fa   fe   fi   fo   fu
Felipe es profesor de física.

    pa   pe   pi   po   pu
Pepe pasa por la puerta.

Repeat the following sentences.

Elena es la amiga de Lupita.
La sala es elegante.
El profesor de física es famoso.
El papá de Pepe no fuma una pipa.

La mesa es un monumento.

Comunicación

A **¿Qué clase toma?** Using just two words as your cue, make up a story about each person. Use this model as your guide.

Roberto/historia

Roberto toma un curso de historia. En la clase de historia Roberto habla inglés con el profesor. No habla español. Roberto es un alumno serio y estudia mucho. Él saca una nota buena en historia.

1. María/matemáticas
2. Yo/español
3. Tú/biología
4. Yo/inglés

B **El día escolar.** Exchange class schedules with a classmate. Ask each other questions about your courses and the school day. Find out when each of you arrives at school; the times for different courses; the teachers who teach the courses; and whether the courses are difficult or easy, interesting, or boring.

LECTURA Y CULTURA

DOS ESCUELAS DE LAS AMÉRICAS

Daniel es un muchacho americano. Él estudia en una escuela secundaria en Chicago. Es una escuela pública. En la escuela Daniel toma un curso de español. La profesora de español es la señora Ortiz. Ella enseña muy bien y Daniel habla mucho en la clase de español. Él siempre[1] practica el español con otro alumno de la escuela, José Luis Delgado. José Luis es de Puerto Rico. José Luis y Daniel son buenos amigos. Daniel saca notas buenas en español. Pero la verdad es que él es un alumno serio. Estudia mucho. Toma cinco cursos: inglés, español, historia, biología y álgebra.

Maricarmen es una muchacha ecuatoriana. Ella estudia en un colegio en Quito, la capital. El colegio de Maricarmen no es una escuela pública. Es una escuela privada. Es solamente para muchachas y las muchachas siempre llevan uniforme a la escuela. Maricarmen, como Daniel, es una alumna seria y estudia mucho. Pero ella no toma cinco cursos. ¿Cuántos cursos toma? Toma nueve. ¿Cómo es posible tomar nueve cursos en un año[2] o en un semestre?

Una escuela secundaria en los Estados Unidos

Pues, en la escuela de Maricarmen, no todos los cursos son diarios[3]. Por eso[4] Maricarmen toma nueve cursos en un semestre.

[1] siempre *always*
[2] año *year*
[3] diarios *daily*
[4] por eso *therefore*

Estudio de palabras

A **Palabras afines.** Busquen diez palabras afines. (*Find ten cognates in the reading.*)

B **¿Cuál es la palabra?** Busquen la palabra. (*Find the word being defined.*)

1. la asignatura, la materia, la disciplina
2. la persona que enseña
3. no privado, lo contrario de privado
4. un alumno que estudia mucho
5. del Ecuador
6. medio año escolar, división del año escolar

Comprensión

A **¿Quién? ¿El americano o la ecuatoriana?** Identifiquen a la persona. (*Identify the person.*)

1. Estudia en una escuela pública.
2. Estudia en una escuela privada.
3. No estudia en una escuela mixta.
4. Estudia en una escuela que es exclusivamente para muchachas.
5. Es de Quito.
6. Es de Chicago.
7. Las clases son diarias.
8. Estudia en la capital.
9. Lleva uniforme a la escuela.
10. Toma nueve cursos en un semestre.
11. Toma cinco cursos en un semestre.

B **La idea principal.** Escojan la idea principal de la lectura. (*Select the main idea of the story.*)

a. Daniel es un muchacho.
b. El alumno latinoamericano toma más cursos en un semestre que el alumno norteamericano.
c. La muchacha ecuatoriana estudia también.

La Plaza Mayor, Quito, Ecuador

DESCUBRIMIENTO CULTURAL

Valparaíso, Chile

El alumno norteamericano saca notas y el alumno latinoamericano saca notas. En los Estados Unidos, la nota es a veces un número, 90, y a veces es una letra, B. Pues, es igual en el mundo hispano.

En el Colegio de Carlos en Valparaíso, Chile, Carlos saca "siete" en el curso de inglés. ¿Qué opinas? ¿Es una nota buena o mala? Pues, en la escuela de Carlos es una nota muy buena. "Dos" es una nota mala. Y en la escuela de Maripaz, una alumna argentina en Buenos Aires, diez es la nota más alta y cuatro es una nota mala, muy baja. Varía de país en país.

A veces, y sobre todo en España, la nota no es un número. No es una letra. Es una palabra—un comentario.

Sobresaliente
Bueno, Notable
Aprobado, Regular
Suspenso, Desaprobado, Cate, Insuficiente

¿Qué opinas? ¿Sobresaliente es A o F? ¿Suspenso es A o F?

Y AQUÍ EN LOS ESTADOS UNIDOS

En las grandes ciudades de los Estados Unidos algunas escuelas llevan el nombre de importantes figuras hispanas. Hostos Community College es una institución de Nueva York. Eugenio María de Hostos es una figura muy importante en la historia de la educación en Puerto Rico. En Chicago hay escuelas que llevan nombres de Benito Juárez, José Martí, Luis Muñoz Marín, Roberto Clemente, Lázaro Cárdenas, José de Diego, Francisco Madero, José Clemente Orozco, el Padre Miguel Hidalgo y Costilla, y Pablo Casals. ¿Quiénes son estas grandes figuras?

Roberto Clemente (Puerto Rico)

Benito Juárez (México)

Pablo Casals (España)

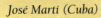
José Martí (Cuba)

REALIDADES

Es una escuela en San José, Costa Rica **1**. Es una clase de historia. ¿En qué lengua enseña la profesora? ¿Es una clase grande o pequeña?

Es la clase del señor Irizarry en Caguas, Puerto Rico **2**. Él enseña inglés como segundo idioma en una escuela secundaria de Caguas. ¿Cuál es la lengua materna de los alumnos del señor Irizarry?

Es la Universidad Nacional Autónoma de México **3**. Es una universidad muy importante en México. Es muy grande.

Es el patio de un colegio **4**. Los alumnos hablan.

CULMINACIÓN

Comunicación oral

A **Las notas.** In Spanish tell your partner about your last report card. Then reverse roles.

B **Llego a tiempo.** Ask your partner at what time he or she arrives at the following places. After your partner has answered all the questions, reverse roles.

> a la escuela
> Estudiante 1: ¿A qué hora llegas a la escuela?
> Estudiante 2: Llego a las ocho menos cuarto.

1. a la escuela
2. a la clase de educación física
3. a la cafetería
4. a la clase de matemáticas

C **Una entrevista.** Work with a classmate. Find out the following information. Then compare his or her responses with your own.

1. qué cursos toma
2. qué clase(s) considera aburrida(s)
3. qué clase(s) considera interesante(s)
4. en qué clase estudia mucho
5. en qué clase estudia poco
6. en qué clase(s) saca buenas notas
7. en qué clase saca notas malas

Comunicación escrita

A **Los amigos.** You and your partner each think of a friend (preferably one who studies at a different school). Then write notes to each other inquiring about this friend. Answer each others' notes. They should include the following questions.

1. Who is the friend?
2. What is he or she like?
3. Where is he or she from?
4. Where does he or she study?
5. What foreign language does he or she study?
6. What kind of grades does he or she receive?

B **De Costa Rica.** You have just received a note from a pen pal in San José, Costa Rica. He or she wants to know about your school life. Write him or her a note telling all you can about life at school.

Reintegración

A ¿Cómo es que hablas español? Completen. (*Complete.*)

1. Yo ___ americano(a) pero ___ español. (ser, hablar)
2. Si tú ___ americano(a), ¿cómo es que ___ español? (ser, hablar)
3. Pues, yo ___ un curso con un profesor que ___ muy bueno. (tomar, ser)
4. ¿Con quién ___ (tú)? (estudiar)
5. Yo ___ con el señor Romero. (estudiar)
6. ¿De qué nacionalidad ___ él? ¿ ___ bien? (ser, enseñar)

B ¿Usted habla español? Cambien *tú* a *Ud.* en el Ejercicio A. (*Change* tú *to* Ud. *in Exercise A.*)

C Los alumnos de la clase de español. Completen con *ser*. (*Complete with* ser.)

1. Los alumnos de la clase de español ___ muy inteligentes.
2. Todos nosotros ___ alumnos buenos.
3. Yo ___ alumno(a) en la clase de la señora Salas.
4. Ella ___ una profesora muy buena.
5. Y ella ___ simpática.
6. ¿Tú ___ alumno(a) en qué escuela?
7. Tú también ___ alumno(a) de español, ¿no?
8. ¿Uds. ___ alumnos buenos?

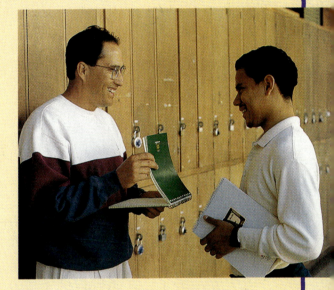

Vocabulario

SUSTANTIVOS
la sala de clase
el salón de clase
el profesor
la profesora
la lección
el examen
los apuntes
el libro
el cuaderno
el bloc
la libreta
la mochila
la pizarra
el pizarrón
la nota
la calificación
el coche
el carro
el autobús
el bus

ADJETIVOS
escolar

VERBOS
llegar
entrar
hablar
estudiar
mirar
tomar
sacar
llevar
enseñar

OTRAS PALABRAS Y EXPRESIONES
cuándo
cuánto
en punto
a eso de
a pie

VOCABULARIO

PALABRAS 1

DESPUÉS DE LAS CLASES

la cinta

el teléfono

el disco

la televisión

la cocina

la casa

la sala

Después de las clases…

Los amigos van a casa.

Están en la sala. Escuchan discos.
Miran la televisión.

90 CAPÍTULO 4

Preparan una merienda.

Toman un refresco.

Hablan por teléfono.

Estudian en la biblioteca.

el centro comercial

la tienda

Van al centro comercial.

Trabajan en una tienda.

CAPÍTULO 4

Ejercicios

A **Todos van a la casa de Emilio.** Contesten. (*Answer.*)

1. Después de las clases, ¿van los amigos a la casa de Emilio?
2. ¿Van a la casa de Emilio a pie o toman el autobús?
3. En la casa, ¿miran la televisión?
4. ¿Miran la televisión en la sala?
5. ¿Escuchan discos?
6. ¿Escuchan discos de jazz, de rock, de música popular o de música clásica?
7. ¿Qué clase de cintas escuchan?
8. ¿Toman un refresco?
9. ¿Hablan por teléfono?

B **Todos no van a casa.** Completen. (*Complete.*)

1. ___ las clases, Elena y José no van a casa.
2. ¿Adónde van? Pues, van al ___ comercial.
3. En el ___ comercial, hay una ___ de discos.
4. Elena y José ___ en la tienda.
5. Luis y Sandra son alumnos muy serios. Después de las clases, ellos no van a casa. No van al centro comercial. Van a ___.
6. Ellos ___ en la biblioteca.

C ¿Dónde…? ¿Cuál es la palabra? (*What's the word?*)

1. donde miran los amigos la televisión
2. donde preparan una merienda
3. donde estudian después de las clases
4. donde hay muchas tiendas

VOCABULARIO

PALABRAS 2

UNA FIESTA

María da una fiesta.
Ella invita a los amigos.

Los amigos van a la fiesta.
Ellos llegan a la casa de María.

Durante la fiesta todos…

bailan

cantan

Están en la sala.

José toca el piano…

la guitarra   el violín   la trompeta

Ejercicios

A **La fiesta de María.** Contesten. (*Answer.*)

1. ¿Da María una fiesta?
2. ¿Ella invita a los amigos a la fiesta?
3. ¿Da la fiesta en casa, en un restaurante o en un café?
4. ¿Llegan los amigos a la casa de María?
5. Durante la fiesta, ¿cantan y bailan todos?
6. ¿Toca José el piano? ¿La trompeta? ¿El violín?
7. ¿Prepara María refrescos para la fiesta?
8. ¿Toman los amigos los refrescos?

B **¿Adónde y dónde?** Contesten. (*Answer.*)

1. ¿Dónde da María la fiesta?
2. ¿Adónde van los amigos?
3. ¿Adónde llegan?
4. ¿Dónde bailan los amigos durante la fiesta?
5. ¿Dónde prepara María los refrescos?

C **¡A casa de Emilio!** Contesten. (*Answer.*)

1. ¿Adónde van los amigos?
2. ¿Cuándo van a casa de Emilio?
3. ¿Qué escuchan?
4. ¿Qué miran?
5. ¿Dónde preparan una merienda?

D **Después de las clases.** Escojan la respuesta correcta. (*Choose the correct answer.*)

1. Después de las clases los alumnos __.
   a. entran en la escuela   b. van a casa
2. En casa, ellos __.
   a. hablan con el profesor   b. miran la televisión
3. Miran la televisión __.
   a. en la tienda   b. en la sala
4. Escuchan __.
   a. la televisión   b. discos
5. Luego preparan una merienda __.
   a. en la sala   b. en la cocina
6. María y Teresa no van a casa. Ellas __.
   a. trabajan en una tienda de discos   b. toman el autobús a la escuela

Comunicación
Palabras 1 y 2

A **En clase o después de las clases.** Tell five daily activities of some of your friends. Your partner will decide whether your friends do these things in class or after school.

> Estudiante 1: Ellos miran la televisión.
> Estudiante 2: Miran la televisión después de las clases.

B **¿Dónde…?** Tell your partner what you do in each of the following places. Then your partner will report this information to the class.

> Estudiante 1: En la cocina preparo una merienda.
> Estudiante 2: Él/ella prepara una merienda en la cocina.

1. En la cocina…
2. En la sala…
3. En la escuela…
4. En la fiesta…
5. En el autobús…

C **Eres diferente.** Ask your partner the following questions. Your partner will always say *no*, and then answer something different. Reverse roles.

> Estudiante 1: ¿Escuchas discos?
> Estudiante 2: No. Escucho cintas.

1. ¿Vas a la escuela en autobús?
2. ¿Hablas mucho en clase?
3. ¿Escuchas discos de rock?
4. ¿Trabajas en casa?
5. ¿Hablas español en clase?

D **En casa o en la escuela.** With a classmate make a list of as many activities as you can. Then decide if each one takes place *en casa*, *en la escuela*, or *durante una fiesta*.

Miguel Bosé, cantante y actor español

Chayanne, cantante puertorriqueño

CAPÍTULO 4

ESTRUCTURA

El presente de los verbos en –ar Formas plurales
Describing People's Activities

1. You have learned the singular forms of regular -ar verbs. Study the plural forms.

INFINITIVE	HABLAR	CANTAR	TRABAJAR	ENDINGS
STEM	habl-	cant-	trabaj-	
nosotros(as)	hablamos	cantamos	trabajamos	-amos
ellos, ellas, Uds.	hablan	cantan	trabajan	-an

2. In most parts of the Spanish-speaking world, except for some regions of Spain, there is no difference between formal and informal address in the plural. Whenever you are speaking to more than one person you use the *ustedes* form of the verb.

   Ustedes hablan mucho en clase.

3. *Vosotros(as)* is the plural form of *tú*. It is used in much of Spain. Since *vosotros(as)* is not used in Latin America, you only have to recognize this verb form.

   ¿Cantáis y bailáis en la fiesta de Susana?

4. Review all the forms of the present tense of regular -ar verbs.

INFINITIVE	HABLAR	CANTAR	TRABAJAR	ENDINGS
STEM	habl-	cant-	trabaj-	
yo	hablo	canto	trabajo	-o
tú	hablas	cantas	trabajas	-as
él, ella, Ud.	habla	canta	trabaja	-a
nosotros(as)	hablamos	cantamos	trabajamos	-amos
vosotros(as)	*habláis*	*cantáis*	*trabajáis*	*-áis*
ellos, ellos, Uds.	hablan	cantan	trabajan	-an

Ejercicios

A **En la escuela.** Formen oraciones. (*Form sentences.*)

> Los alumnos…
> tomar el bus escolar
> *Los alumnos toman el bus escolar.*

1. llegar a la escuela a eso de las ocho
2. entrar en la sala de clase
3. tomar cuatro o cinco cursos
4. hablar con el profesor
5. estudiar mucho
6. sacar notas buenas

B **Una entrevista.** Preguntas personales. (*Give your own answers.*)

1. Tú y tus amigos, ¿estudian Uds. español?
2. ¿Con quién estudian Uds. español?
3. ¿Sacan Uds. buenas o malas notas?
4. ¿Hablan Uds. mucho en la clase de español?
5. ¿Hablan Uds. español o inglés?
6. ¿Y qué lengua hablan Uds. en casa?
7. Después de las clases, ¿preparan Uds. una merienda?
8. ¿Toman Uds. un refresco?
9. ¿Miran Uds. la televisión?

C **¿Y Uds.?** Formen preguntas con *Uds.* (*Make up questions with* Uds.)

1.

2.

3.

4.

CAPÍTULO 4

D **Un muchacho en un colegio de Madrid.** Completen. *(Complete.)*

Emilio ___(ser) un muchacho español. Él ___(estudiar) en un colegio de
    1   2
Madrid, la capital de España. Emilio ___(ser) un muchacho muy inteligente.
                                      3
Él ___(trabajar) mucho en la escuela. Él ___(estudiar) inglés. Los alumnos
   4   5
___(hablar) mucho en la clase de inglés. La profesora de inglés ___(ser)
 6   7
muy interesante y ella ___(enseñar) muy bien.
                        8

Yo ___(estudiar) español en una escuela secundaria de los Estados Unidos.
    9
Yo también ___(trabajar) mucho en la escuela y ___(sacar) muy buenas
            10   11
notas. En la clase de español nosotros ___(hablar) mucho con la profesora de
                                        12
español. Siempre ___(hablar) con ella en español. Ella ___(ser) de Cuba.
                  13   14
Después de las clases los amigos ___(tomar) un refresco. A veces
                                  15
nosotros ___(mirar) la televisión o ___(escuchar) discos o cintas.
          16   17

El presente de los verbos *ir, dar* y *estar*   Describing People's Activities

1. The verbs *ir* "to go," *dar* "to give," and *estar* "to be," are irregular. An irregular verb does not conform to the regular pattern. Note the similarity in the irregular *yo* form of these verbs.

       yo   voy   doy   estoy

2. The other forms of these verbs are the same as those you have learned for regular *-ar* verbs.

INFINITIVE	IR	DAR	ESTAR
yo	voy	doy	estoy
tú	vas	das	estás
él, ella, Ud.	va	da	está
nosotros(as)	vamos	damos	estamos
vosotros(as)	*vais*	*dais*	*estáis*
ellos, ellas, Uds.	van	dan	están

3. The verb *estar* is used to express how you feel and where you are.

How you feel.

¿Cómo estás?   Muy bien, gracias. ¿Y tú?
               No estoy bien.   I'm not well.
               Estoy enfermo(a).   I'm ill.

Location.

Nosotros estamos en la escuela.
Armando y Rosario están en casa.
Pero no están en la sala. Están en la cocina.

Ejercicios

A Voy a la escuela. *Contesten. (Answer.)*

1. ¿Vas a la escuela?
2. ¿A qué hora vas a la escuela?
3. ¿Estás en la escuela ahora?
4. ¿En qué escuela estás?
5. ¿En qué clase estás?
6. Después de las clases, ¿vas a casa?
7. En casa, ¿vas a la cocina? ¿Preparas una merienda?
8. ¿Das un sándwich a José?
9. A veces, ¿das una fiesta?
10. ¿Das una fiesta para los amigos?
11. ¿Das la fiesta en casa?

B Perdón, ¿adónde vas? *Sigan el modelo. (Follow the model.)*

Voy a la escuela.
Perdón, ¿adónde vas?

1. Voy a la clase de español.
2. Voy a la clase de biología.
3. Voy a la cafetería.
4. Voy al laboratorio.
5. Voy al gimnasio.

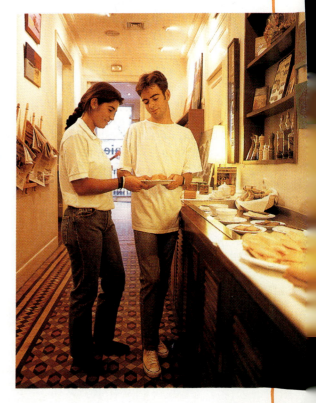

C ¿Dónde están Uds.? *Preparen una mini-conversación. (Prepare a mini-conversación.)*

Miramos la televisión. (en la sala)
—¿Dónde están Uds.? ¿En la sala?
—*Sí, estamos en la sala.*

1. Escuchamos discos. (en la sala)
2. Preparamos un refresco. (en la cocina)
3. Tomamos un examen. (en la escuela)
4. Trabajamos. (en la tienda)
5. Tomamos un refresco. (en el café)
6. Estudiamos biología. (en el laboratorio)

D **La escuela.** Contesten. (*Answer.*)

1. ¿A qué hora van Uds. a la escuela?
2. ¿Cómo van?
3. ¿Están Uds. en la escuela ahora?
4. ¿En qué clase están?
5. ¿Está el/la profesor(a)?
6. ¿Da él o ella muchos exámenes?
7. ¿Da él o ella exámenes difíciles?
8. ¿Qué profesores dan muchos exámenes?

Las contracciones *al* y *del*   *Expressing Location and Possession*

1. The preposition *a* means "to" or "toward." *A* contracts with the article *el* to form one word, *al*. The preposition *a* does not change when used with the other articles *la, las,* and *los*.

   > a + el = al

   En la escuela voy al laboratorio.
   Después de las clases voy al café.
   Y después voy a la biblioteca.

2. The preposition *a* is also used before a direct object that refers to a specific person or persons. It is called the personal *a* and has no equivalent in English.

   | Miro la televisión. | Miro al profesor. |
   | Escucho el disco. | Escucho a los amigos. |

3. The preposition *de* can mean "of," "from," or "about." Like *a*, the preposition *de* contracts with the article *el* to form one word, *del*. The preposition *de* does not change when used with the articles *la, las,* and *los*.

   > de + el = del

   Él habla del profesor de español.
   El profesor es del estado de Nueva York.
   Es de la ciudad de Nueva York.
   Él es de los Estados Unidos.

4. You also use the preposition *de* to indicate possession.

   Es el libro del profesor.
   Son las mochilas de Lourdes y de Sofía.

Ejercicios

A ¿A quién…? Contesten. (*Answer.*)

1. ¿Invitas a Juan y a María a la fiesta?
2. ¿Invitas a otros amigos a la fiesta?
3. ¿Miras a los amigos?
4. ¿Escuchas a los amigos?

B ¿Adónde vas? Preparen una conversación. (*Make up a mini-conversation based on the illustrations.*)

¿Adónde vas?
¿Quién? ¿Yo?
Sí, tú.
Voy al café.

1.
2.
3.
4.
5.
6.

C ¿De qué habla Roberto? Contesten. (*Answer.*)

1. ¿Es Roberto del estado de Nueva York?
2. ¿Es de la ciudad de Nueva York?
3. ¿Habla Roberto del curso de biología?
4. ¿Habla del profesor de biología?
5. Después de las clases, ¿habla Roberto con los amigos?
6. ¿Hablan de la escuela?
7. ¿Hablan de los cursos que toman?
8. ¿Hablan de los profesores?

CONVERSACIÓN

Escenas de la vida *Al trabajo o a la fiesta*

ALFREDO: ¿Cómo estás?
TOMÁS: Bien, ¿y tú?
ALFREDO: Muy bien. Oye, ¿adónde vas el viernes?
TOMÁS: ¿El viernes? Voy al trabajo como siempre.

ALFREDO: ¿Al trabajo? ¿Dónde trabajas?
TOMÁS: Pues, Clarita y yo trabajamos en una tienda de discos.

ALFREDO: Clarita también, ¿eh? Entonces, ¿Uds. no van a la fiesta de María?
TOMÁS: Sí, vamos. Pero después del trabajo.

■ **¿Adónde vas?** Contesten. (*Answer.*)

1. ¿Con quién habla Alfredo?
2. ¿Cómo están los dos muchachos?
3. ¿Adónde va Tomás el viernes?
4. ¿Quién trabaja con él en la tienda de discos?
5. ¿Quién da una fiesta el viernes?
6. ¿Adónde va Alfredo?
7. ¿Van a la fiesta Tomás y Clarita?
8. ¿Cuándo van?

104 CAPÍTULO 4

Pronunciación *La consonante t*

The **t** in Spanish is pronounced with the tip of the tongue pressed against the upper teeth. Like the Spanish **p**, it is not followed by a puff of air. The Spanish **t** is extremely clear.

ta	te	ti	to	tu
taco	Teresa	tienda	toma	tú
fruta	televisión	tiempo	tomate	estudia
está	teléfono	latín	Juanito	estupendo

Repeat the following sentences.

Tito toca la trompeta durante la fiesta.
Tú estudias latín.
Teresa invita a Tito a la fiesta.

Teresa toca la trompeta.

Comunicación

A **Después de las clases.** Interview classmates about what they do after school. Then make a list of the most popular activities and report them to the class. Some verbs you may want to use in the interviews are:

ir	tomar
llegar	preparar
mirar	tocar
escuchar	cantar
estudiar	hablar
trabajar	dar

B **¡Qué pachanga!** Are your classmates *pachangueros*, real party types? Ask some of your classmates what they do when they go to a party.

1. ¿Bailan? ¿Qué bailan? el merengue, la rumba, la salsa, la samba, el mambo
2. ¿Escuchan discos? ¿Qué tipo de discos escuchan? jazz, rock, rap, música popular, música romántica, música clásica
3. ¿Hablan? ¿De qué hablan? de la política, de la escuela, de los profesores, de los muchachos (las muchachas), de los deportes, del fútbol, de la música
4. ¿Tocan un instrumento musical? ¿Qué tocan? el piano, el violín, la guitarra, la trompeta, la flauta

C **Vamos a estudiar.** With a classmate play the roles of two acquaintances and tell each other where you study, practice Spanish, work, and do other things. Decide on a place to meet later to study together.

LECTURA Y CULTURA

EL TRABAJO A TIEMPO PARCIAL, ¿DÓNDE?

En los Estados Unidos muchos alumnos de las escuelas secundarias trabajan después de las clases. Trabajan a tiempo parcial[1] en una tienda, en un restaurante o en una gasolinera. Ganan dinero[2], y con el dinero que ganan compran cositas[3] personales—discos, blue jeans, un T shirt o ¡un carro!

En muchos países de Latinoamérica muy pocos alumnos trabajan a tiempo parcial. Las clases en los colegios no terminan hasta las cuatro y media de la tarde. Y los sábados las clases no terminan hasta el mediodía. Los alumnos de las escuelas latinoamericanas trabajan mucho, pero trabajan en la escuela. No trabajan en una tienda o en una gasolinera.

La mayor parte de los jóvenes[4] que trabajan en los países de Latinoamérica no son alumnos. Y no trabajan a tiempo parcial. Trabajan a tiempo completo. Son muchachos que terminan con la educación después de la escuela primaria. Hoy en día, muchos jóvenes continúan los estudios en clases nocturnas.

[1] a tiempo parcial   *part time*
[2] ganan dinero   *earn money*
[3] compran cositas   *buy things*
[4] los jóvenes   *young people*

Estudio de palabras

■ **Los trabajos.** Busquen ocho palabras afines en la lectura.
(*Find at least eight cognates in the reading.*)

Comprensión

A **¿Qué hacen los alumnos?** Completen. (*Complete.*)

1. Muchos alumnos de las escuelas secundarias en los Estados Unidos…
2. Ellos trabajan en…
3. Trabajan a…
4. Con el dinero que ganan…
5. Las clases en muchos colegios latinoamericanos no terminan…
6. Los alumnos de las escuelas latinoamericanas…
7. Los jóvenes que trabajan en los países latinoamericanos…

B **¿Dónde?** Indiquen dónde: en los Estados Unidos o en Latinoamérica.
(*Indicate where: in the United States or in Latin America.*)

1. Muchos alumnos trabajan a tiempo parcial.
2. Los alumnos ganan dinero y compran cosas personales con el dinero que ganan.
3. Las clases terminan a las cuatro y media de la tarde.
4. Los alumnos no van a la escuela los sábados.
5. Muchos jóvenes trabajan a tiempo completo cuando terminan con la escuela primaria.

DESCUBRIMIENTO CULTURAL

¿Los jóvenes en España y en Latinoamérica hablan por teléfono con los amigos? Sí, claro. Hablan por teléfono. Pero no como aquí en los Estados Unidos. Los jóvenes en España y en Latinoamérica no pasan horas al teléfono. ¿Qué opinan Uds.? ¿Nosotros pasamos horas al teléfono o no?

La televisión, ¿es popular en España y en Latinoamérica? Sí, la televisión es un pasatiempo popular como aquí en los Estados Unidos. Y los programas de los Estados Unidos son muy populares. También son populares las telenovelas. ¿Qué son las telenovelas? Las telenovelas tratan de historias románticas.

Y el televisor, ¿dónde está? Está en la sala. Los miembros de la familia miran la televisión juntos.

Y AQUÍ EN LOS ESTADOS UNIDOS

En muchas partes de los Estados Unidos es posible mirar la televisión en español. Muchos programas son de Univisión. Univisión es una compañía mexicana de televisión. *Sábado Gigante* es uno de los programas más populares. Univisión presenta programas en español en Nueva York, Chicago, Miami, San Antonio, Los Ángeles—en todas partes del país.

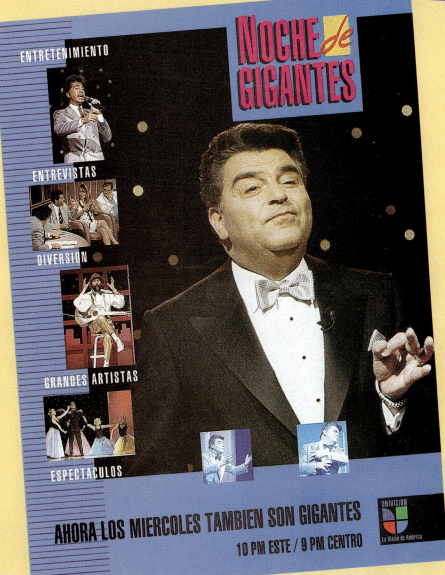

REALIDADES

Es un grupo de alumnos de un colegio de Madrid 1. Están en un café en la Plaza Mayor. En el café los amigos toman un refresco. Mientras toman el refresco, hablan de otros amigos, de los cursos que toman, de los profesores, etc. Cuando tú estás con un grupo de amigos, ¿de qué hablan Uds.? ¿Uds van a cafés o no? ¿Adónde van Uds. después de las clases?

Es un teléfono público en Argentina 2. Antonio habla por teléfono con un amigo. ¿Qué opina Ud.? ¿Es una conversación agradable o no? ¿Es una conversación seria o divertida?

Es Gabriel Suárez 3. Es de Miami. Él prepara una merienda después de las clases. ¿Qué prepara? Después de la merienda, ¿va a trabajar en una tienda o va a estudiar en la biblioteca?

CULMINACIÓN

Comunicación oral

A **Un alumno de intercambio.** You are spending a school vacation living with the Sánchez family in San José, Costa Rica. Eduardo Sánchez is your "brother." He wants to know the following things about you.

1. if you work part time
2. if you listen to music and if so, what kind
3. a few things you and your friends do when you're not in school
4. what you and your friends talk about
5. what American teenagers talk about on the phone with their friends

B **Tú y yo.** Work with a classmate. Ask your classmate about each topic below. He or she will respond. Indicate if you do the same thing or not.
Use the model as a guide.

> música
> Estudiante 1: ¿Qué tipo de música escuchas?
> Estudiante 2: Yo escucho discos de jazz.
> Estudiante 1: ¿Ah, sí? Yo también. Tú y
>   yo escuchamos jazz.
>   (¿Ah, sí? Yo, no. Yo escucho música popular.)

1. música
2. el teléfono
3. fiestas
4. escuela
5. instrumentos musicales

Comunicación escrita

A **Un amigo muy bueno.** You are writing in your diary about a very good friend. Include the following.

1. who the person is
2. where he or she is from
3. a description of your friend
4. his or her favorite class
5. if he or she is a good student
6. why you like this person

B **Una fiesta divertida.** Write a paragraph about a fun party. Tell what you do, who you talk to, and what kind of music you listen to.

Reintegración

A **Dos amigos.** Here is a photo of two friends. They are from Miami. They are of Cuban background. Describe these two friends and say as much about them as you can.

B **Una entrevista.** Preguntas personales. (*Give your own answers.*)

1. ¿Hablas mucho por teléfono?
2. ¿Con quién hablas por teléfono?
3. ¿De qué hablan Uds.?
4. ¿Escuchas discos?
5. ¿Qué tipo de música escuchas?

Vocabulario

SUSTANTIVOS
la casa
la cocina
la sala
la televisión
el teléfono
la merienda
el refresco
la fiesta
la música
el piano
la guitarra
el violín
la trompeta
la cinta
el disco
la biblioteca
la tienda
el centro comercial

VERBOS
preparar
trabajar
invitar
bailar
cantar
tocar
mirar
ir

dar
estar

ADJETIVOS
clásico(a)
popular

OTRAS PALABRAS Y EXPRESIONES
adónde
a casa
después de
durante
por teléfono
todos
de jazz
de rock

CAPÍTULO 4

NUESTRO MUNDO

Here is an actual "report card" for a student in Latin America.

REPÚBLICA DE CHILE
MINISTERIO DE EDUCACIÓN PÚBLICA
DIRECCIÓN DE EDUCACIÓN
SECRETARÍA REGIONAL MINISTERIAL
DE EDUCACIÓN

INFORME EDUCACIONAL
EDUCACIÓN GENERAL BÁSICA

Decreto Evaluación _146/88_

(Régimen _TRIMESTRAL_)

NOMBRE _NURIA RODRÍGUEZ_

CURSO _____ AÑO ESCOLAR _____

ESTABLECIMIENTO _____

COMUNA _NUÑOA_ PROVINCIA _SA_

PROFESOR JEFE
O DE CURSO _MIRTA SALINAS_

ASISTENCIA	N° DE DÍAS TRABAJADOS	N° DE DÍAS DE INASISTENCIAS
1°		
2°		
ANUAL		

B. ÁREAS DE DESARROLLO

		CONCEPTO	
ÁREA PSICO-BIOLÓGICA	– Cuida de su higiene y presentación personal	5	5
	– Se recrea de acuerdo a su etapa de desarrollo	5	5
	– Desarrolla el trabajo escolar en forma sistemática y continua	5	5
	– Trata de resolver los problemas que se le presentan	5	5
ÁREA SOCIAL	– Participa en actividades de grupo	5	5
	– Actúa con responsabilidad en las actividades en que se compromete	5	5
	– Mantiene buenas relaciones con sus compañeros	5	5
	– Manifiesta una actitud deferente y respetuosa con los miembros de su comunidad	5	5
ÁREA AFECTIVA	– Demuestra preocupación por los problemas de los demás	5	5
	– Manifiesta sentimientos de agrado frente a las diferentes actividades que le ofrece la Unidad Educativa	5	5
	– Trata de superar sus limitaciones	5	5
	– Reconoce sus errores y trata de corregirlos	5	5
	– Reconoce los aspectos positivos de su personalidad	5	5
	– Manifiesta disposición para acatar las normas establecidas en la Unidad Educativa	5	5
ÁREA VOCACIONAL O PROFESIONAL	– INTERESES. Se interesa por el área		
	– APTITUDES y/o HABILIDADES. Manifiesta Aptitudes y/o Habilidades para		
	– Existe congruencia entre los intereses y habilidades manifestados SÍ ☐ NO ☐		
	– Aspiraciones de prosecución de estudios relacionados con su futuro profesional y/o laboral		
	OTRAS OBSERVACIONES:		

ESCALA DE EVALUACIÓN ÁREAS DE DESARROLLO

SIEMPRE : Permanencia y continuidad en la evidencia del rasgo. El alumno se destaca.
GENERALMENTE : En forma frecuente manifiesta el rasgo.
OCASIONALMENTE : Sólo a veces manifiesta el rasgo.
NUNCA : No se manifiesta el rasgo. El alumno requiere de un apoyo directo del Profesor Jefe y del Orientador.

OBSERVACIONES: _____

_____ _____
PROFESOR(A) JEFE   UNIDAD DE ORIENTACIÓN

A Las calificaciones. Contesten. (*Answer the questions.*)

1. From what country is the report?
2. What is the student's name?
3. In what grade or year is the student?
4. What is the teacher's name?
5. How many subjects does the student take?
6. What is the highest grade obtainable?
7. What is the lowest possible passing grade?
8. In what subject did the student get the highest final average?
9. What was her "worst" subject?

B ¿Qué quiere decir…? Adivinen. (*Guess.*)

1. What might "establecimiento" mean in this context?
2. How do you say "general average" or "overall average"?
3. How do you say "academic achievement"?
4. What grade does everyone avoid?
5. What course is "optional"?

C Observaciones. Under *observaciones* it says:

> Queda promovida a 5º año de Educación General Básica.
> Obtiene el primer lugar en rendimiento escolar entre 47 alumnos.

Please explain what you think that means.

D Los cursos. Contesten. (*Answer.*)

Why do you think the "optional" course is "optional"?

NUESTRO MUNDO

REPASO

CAPÍTULOS 1–4

Lectura   *La familia Avilés*

Yo soy Josefina Avilés. Somos seis en la familia: papá, mamá, tres hermanos, y yo. Somos de la Argentina, de Buenos Aires, la capital. Papá y mamá son profesores. Él enseña matemáticas en un colegio, y ella enseña inglés en la universidad. Los tres hermanos y yo somos estudiantes. Yo estoy en el colegio. Estudio mucho y soy una alumna buena. Saco muy buenas notas en inglés y en matemáticas. Soy alta y rubia, pero mis hermanos son bajos y morenos, como mamá.

 La familia de Josefina. Contesten. (*Answer.*)

1. ¿Quién es la muchacha?
2. ¿Cuántas personas hay en la familia?
3. ¿Quiénes son profesores?
4. ¿Quién enseña matemáticas?
5. ¿Qué enseña la madre?
6. ¿Dónde enseña el padre?
7. ¿Qué son los hermanos?
8. ¿Josefina está en la universidad?
9. ¿Quién es buena alumna?
10. ¿En qué asignaturas saca buenas notas?
11. ¿Cómo es ella?
12. ¿Quiénes son bajos y morenos?

Estructura

El presente de los verbos en *-ar* y los verbos *ser, ir, dar* y *estar*

1. Review the following forms of regular *-ar* verbs.

INFINITIVE	HABLAR	CANTAR
yo	hablo	canto
tú	hablas	cantas
él, ella, Ud.	habla	canta
nosotros(as)	hablamos	cantamos
vosotros(as)	*habláis*	*cantáis*
ellos, ellas, Uds.	hablan	cantan

2. The irregular verbs *ir, dar*, and *estar* follow a common pattern. Review the forms of these verbs.

INFINITIVE	IR	DAR	ESTAR
yo	voy	doy	estoy
tú	vas	das	estás
él, ella, Ud.	va	da	está
nosotros(as)	vamos	damos	estamos
vosotros(as)	*vais*	*dais*	*estáis*
ellos, ellas, Uds.	van	dan	están

3. Review the forms of the irregular verb *ser*.

ser	yo soy, tú eres, él/ella/Ud. es, nosotros(as) somos, *vosotros(as) sois*, ellos/ellas/Uds. son

A **Después de las clases.** Completen. (*Complete.*)

Esta tarde, a las cinco y media, después de las clases, yo ___1___ (ir) a casa de Sara. Sara ___2___ (ser) una amiga. Yo ___3___ (ser) un amigo de Sara. Ella ___4___ (dar) una fiesta hoy. Allí nosotros ___5___ (bailar) y ___6___ (cantar). Marcos Rosales ___7___ (tocar) la guitarra. Jorge Campos y Teresa Ruiz ___8___ (preparar) una merienda. Y tú, ¿___9___ (ir) a la fiesta también?

Los sustantivos y los artículos

1. Spanish nouns are classified as masculine or feminine. Most nouns ending in *o* are masculine, and most ending in *a* are feminine. To make any noun plural that ends in a vowel, simply add an *s*. To form the plural of nouns that end in a consonant, add *es*.

   | alumno | alumnos | clase | clases |
   | alumna | alumnas | profesor | profesores |

2. Review the following forms of the indefinite and definite articles.

   | el alumno | los alumnos | un alumno | unos alumnos |
   | la alumna | las alumnas | una alumna | unas alumnas |

B **En la escuela.** Cambien *un(a)* en *dos*. (*Change* un(a) *to* dos *and make any other necessary changes.*)

1. La Sra. Ramírez enseña una clase de matemáticas.
2. Ella enseña a diez muchachos y a una muchacha.
3. Solamente un profesor de español enseña en la escuela.
4. Yo tomo un curso de ciencias y un curso de matemáticas.
5. Yo estudio una lengua y una ciencia.

C **José Luis.** Completen. (*Complete with the appropiate form of the definite or indefinite article.*)

Son ___(1)___ tres de la tarde. Estamos en ___(2)___ colegio. Estamos en ___(3)___ clase de español. ___(4)___ Sra. Cortés es ___(5)___ profesora. Todos ___(6)___ alumnos estudian mucho, pero José Luis, no. Él no es ___(7)___ alumno muy serio. José Luis saca notas muy malas en muchas asignaturas. Pero en ___(8)___ cosa José Luis es muy bueno. En ___(9)___ deportes.

Los adjetivos

Adjectives agree with the nouns they modify. Adjectives ending in *o* have four forms. Adjectives ending in *e* or in a consonant have only two forms.

el alumno bueno	los alumnos buenos
la alumna buena	las alumnas buenas
el alumno inteligente	los alumnos inteligentes
la alumna inteligente	las alumnas inteligentes
el alumno popular	los alumnos populares
la alumna popular	las alumnas populares

D **En la clase de español.** Contesten. (*Answer.*)

1. ¿Quiénes son inteligentes?
2. ¿Quién es popular?
3. ¿Qué es aburrido?
4. ¿Quiénes son altas?
5. ¿Quién es rubio?
6. ¿Quiénes son simpáticos?
7. ¿Qué es difícil?
8. ¿Quién es morena?
9. ¿Qué son fáciles?
10. ¿Qué es interesante?

Comunicación

A **Mi familia.** Describe each member of your family to a classmate. Reverse roles.

B **Mi horario.** An exchange student (your partner) wants to know about your school and your schedule. Explain both in as much detail as you can.

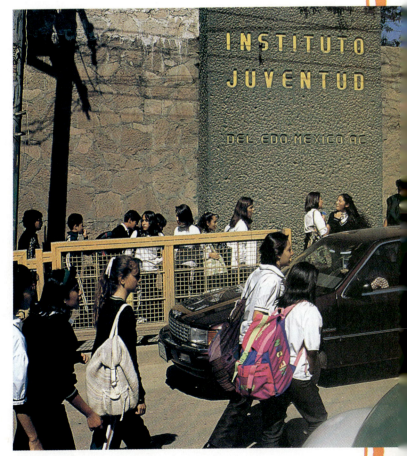

Un instituto en México

FONDO ACADÉMICO

LAS CIENCIAS NATURALES

Antes de leer

1. The natural sciences are grouped under major categories—physics, chemistry, biology—and each of those into subcategories. List as many of the specialties and subspecialties as you can.
2. You will now learn the names of the most common ones in Spanish, as well as some science terminology with which you are already familiar in English.

Lectura

En las escuelas enseñan las ciencias naturales. Los cursos típicos son la biología, la física y la química. La biología es el estudio de la vida[1]. En biología, las dos importantes categorías son la zoología y la botánica. En zoología estudian los animales. Estudian los animales microscópicos como las amebas y los paramecios. Estudian los animales primates como los chimpancés y los orangutanes. Y estudian los animales enormes como los elefantes, y los hipopótamos. En botánica estudian las plantas microscópicas como las algas y las bacterias, y los enormes árboles[2] secuoyas de California. Los especialistas estudian las plantas y la vegetación de las zonas del desierto, de las junglas o selvas[3] tropicales y de las regiones polares.

La física es el estudio de la materia y la energía. La química es el estudio de las características de elementos o substancias simples. Las dos categorías importantes son la química orgánica, que trata sólo de los compuestos[4] de carbono, y la inorgánica que trata de los compuestos de todos los otros elementos. Todos los científicos, los biólogos, los químicos y los físicos trabajan en laboratorios. Uno de los instrumentos más importantes que usan es el microscopio.

[1] la vida *life*
[2] árboles *trees*
[3] selvas *rainforests*
[4] los compuestos *compounds*

Tabla periódica de los elementos (fragmento)

un hipopótamo

FONDO ACADÉMICO

El desierto, Baja California, México

Los secuoyas

Un tucán

La selva en la frontera entre la Argentina y el Brasil

Después de leer

A **Las ciencias.** Escojan la respuesta correcta.

1. La biología es el estudio de la ___.
   a. vida   b. ameba   c. categoría
2. El microscopio es un ___ importante para los científicos.
   a. laboratorio   b. instrumento   c. estudio
3. El ___ es un ejemplo de un animal enorme.
   a. insecto   b. alga   c. hipopótamo
4. La persona que estudia las algas es ___.
   a. biólogo   b. químico   c. físico
5. El nitrógeno, el potasio y el sodio son substancias ___.
   a. biológicas   b. físicas   c. químicas

B **En la lectura.** ¿Dónde dice lo siguiente?

1. the name of a microscopic plant
2. the names of microscopic animals
3. three of the geographic areas where botanists study plant-life

C **Seguimiento.** Preparen una lista de animales que comen (*eat*) algas.

FONDO ACADÉMICO   **121**

FONDO ACADÉMICO

LAS CIENCIAS SOCIALES

Antes de leer

The social sciences or social studies are those that deal with history and related areas–human behavior, social customs and interactions, etc. List in English, as many of the social sciences as you can think of, then see if you can recognize their names in Spanish below.

la antropología la historia
la psicología la ciencia política
la geografía la sociología
la demografía la economía

Lectura

Las ciencias sociales estudian al hombre, su historia, sus instituciones y su comportamiento[1]. En la historia estudiamos el pasado. Algunos historiadores son especialistas en épocas específicas como las antiguas Grecia y Roma; la época medieval; el siglo XIII; el siglo XIX, o la época contemporánea—hoy. Otros historiadores son especialistas en áreas geográficas específicas, por ejemplo: los Estados Unidos, Europa, Centroamérica, China, el Medio Oriente, etc.

La sociología es el estudio de la sociedad humana, del comportamiento de individuos en sus relaciones con otros, y sus instituciones y grupos. Los sociólogos estudian la familia. Estudian las instituciones: el matrimonio, la educación, la religión, el divorcio y mucho

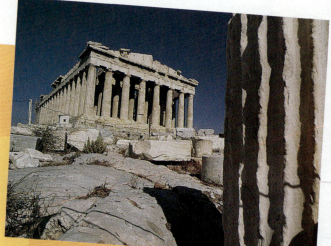

El Partenón de la Acrópolis, Atenas, Grecia

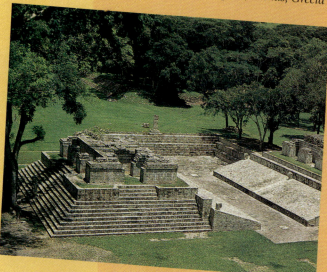

Ruinas mayas, Copán, Honduras

FONDO ACADÉMICO

más. La antropología es el estudio del hombre. Los antropólogos estudian al hombre físico, sus costumbres, su trabajo, su idioma, sus ceremonias. La ciencia política estudia las instituciones políticas y cómo funcionan. La psicología es el estudio de la conducta y de los procesos mentales. La geografía es la ciencia que describe y analiza la superficie[2] de la tierra. Dos especialidades de la geografía son la geografía física y la geografía económica.

[1] el comportamiento   behavior
[2] la superficie   surface

Una boda en España

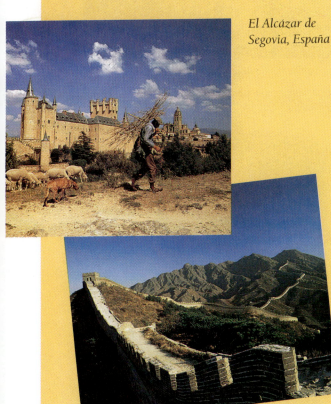

El Alcázar de Segovia, España

La Gran Muralla, China

Después de leer

A Las ciencias sociales. Contesten.

1. ¿Quiénes estudian el pasado?
2. ¿Cuál es una época histórica que estudian los historiadores?
3. ¿Cuál es una de las áreas que los historiadores estudian?
4. ¿Qué estudian los sociólogos?
5. ¿Cuáles son dos instituciones que los sociólogos estudian?
6. ¿Cuáles son dos especialidades de la geografía?

B ¿Quién estudia qué...? ¿Dónde dice lo siguiente?

1. which science studies the surface of the earth
2. what sociologists study

C Seguimiento. Comparen la sociología con la geografía.

FONDO ACADÉMICO

LAS BELLAS ARTES

Antes de leer

The arts cover the plastic arts such as painting, sculpture and architecture; the performing arts such as theater, music and dance, and letters, or literature. The Spanish-speaking countries have provided artists in all these fields. Make a list of Spanish-speaking artists in any of the disciplines above.

Lectura

Algunos artistas pintan o dibujan[1]. Los artistas que pintan son pintores, como Velázquez y Goya. Las personas miran los cuadros[2] de los pintores famosos en los importantes museos del mundo como el Prado de Madrid y el Louvre de París. Muchos pintores dibujan primero y después pintan a una persona, una escena, un objeto o figura. La pintura y la escultura son artes plásticas. Diego Velázquez es un importante pintor clásico. Francisco de Goya es un gran pintor del siglo XIX. Los dos son pintores españoles.

Familia de Carlos IV *de Francisco de Goya*

El Dos de Mayo *de Francisco de Goya*

FONDO ACADÉMICO

Plácido Domingo, tenor español

Alicia de Larrocha, pianista española

Las figuras hispanas en la música son muchas. Hay pianistas y cantantes³. El gran tenor Plácido Domingo canta en Roma, Londres, París y Nueva York. La famosa pianista, Alicia de Larrocha, toca en Europa, Asia y las Américas.

¹ dibujan   sketch
² el cuadro   the painting, picture
³ el cantante   singer

PABLO PICASSO
EL GRECO
DIEGO VELÁZQUEZ
DIEGO RIVERA
FRIDA KAHLO
MANUEL DE FALLA
ISAAC ALBÉNIZ
ERNESTO LECUONA
CLAUDIO ARRAU
ALICIA DE LARROCHA
XAVIER CUGAT
JOSÉ ITURBI
FERNANDO SOR
RUFINO TAMAYO
DAVID ALFARO SIQUEIROS
PABLO CASALS
ANDRÉS SEGOVIA
FRANCISCO DE GOYA

Después de leer

A **Las artes.** Escojan la respuesta correcta.

1. Velázquez y Goya son ___.
   a. cantantes   b. músicos
   c. pintores
2. Alicia de Larrocha es una ___ famosa.
   a. pianista   b. compositora
   c. cantante
3. Un gran cantante de ópera es ___.
   a. Francisco Goya
   b. Diego Velázquez
   c. Plácido Domingo
4. El Prado de Madrid es ___.
   a. una ópera   b. un pintor
   c. un museo
5. Un famoso pintor clásico es ___.
   a. Goya   b. Velázquez
   c. Domingo

B **Pianistas y pintores.** ¿Dónde dice lo siguiente?

1. the name of a famous pianist
2. where a famous opera star performs
3. the name of a famous French art museum
4. the name of a great classical painter
5. what many painters do before beginning to paint
6. the name of a great nineteenth-century artist

C **Seguimiento.** Choose an artist from the list on the left. Prepare a brief report about the artist to present to the class. Get help from the art or music department if necessary. If you choose a painter, get some reproductions of his or her work to show to the class.

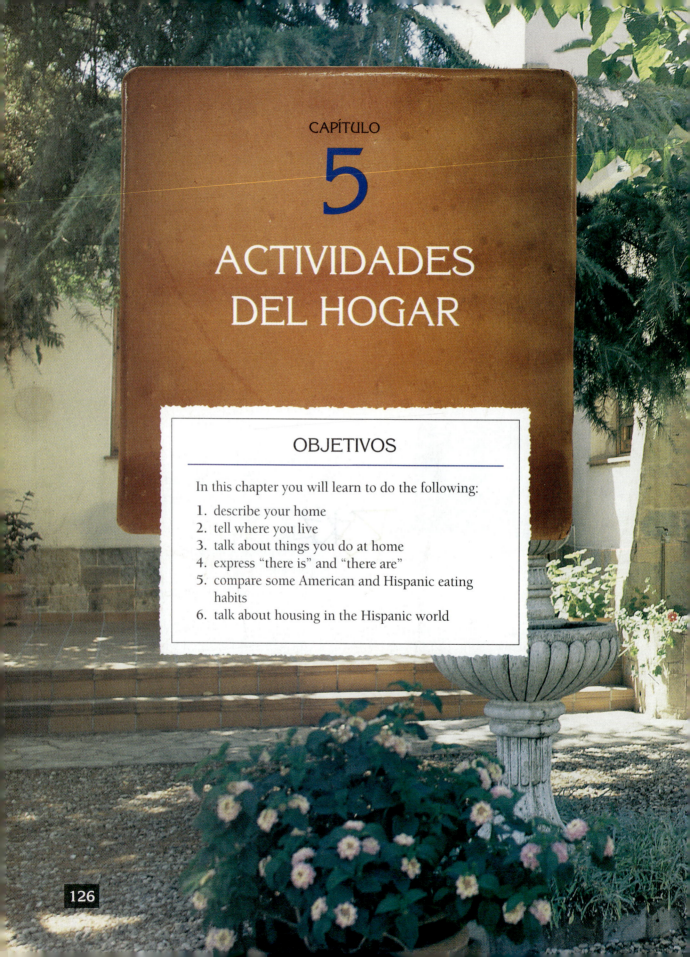

CAPÍTULO

5

ACTIVIDADES DEL HOGAR

OBJETIVOS

In this chapter you will learn to do the following:

1. describe your home
2. tell where you live
3. talk about things you do at home
4. express "there is" and "there are"
5. compare some American and Hispanic eating habits
6. talk about housing in the Hispanic world

VOCABULARIO

PALABRAS 1

¿DÓNDE VIVE?

La familia Castillo vive en un apartamento.
Ellos viven en el quinto piso.
Ellos suben al quinto piso en el ascensor.
No suben por (toman) la escalera.

La familia Delgado vive en una casa particular (privada).
Ellos viven en las afueras de la ciudad.
Viven en los suburbios.
Hay seis cuartos en la casa de los Delgado.

Note the ordinal numbers (first, second, etc.).

primer(o)	sexto
segundo	séptimo
tercer(o)	octavo
cuarto	noveno
quinto	décimo

Primero and *tercero* shorten to *primer* and *tercer* before a singular masculine noun.

el tercer piso	la tercera calle a la derecha
el primer piso	la primera calle a la izquierda

CAPÍTULO 5

Ejercicios

A **La familia Castillo.** Contesten. (*Answer.*)

1. ¿Vive la familia Castillo en una casa particular o en un apartamento?
2. ¿Está en un edificio alto el apartamento?
3. ¿Está en el tercer piso o en el quinto piso?
4. ¿Suben ellos al quinto piso en el ascensor o toman la escalera?
5. Cuando llegan al quinto piso, ¿van a la derecha o a la izquierda?
6. ¿Está el edificio en la Avenida Moreto?
7. ¿Viven los Castillo en la ciudad o en las afueras de la ciudad?

B **La familia Delgado.** Contesten según se indica. (*Answer according to the cues.*)

1. ¿Quiénes viven en una casa particular? (los Delgado)
2. ¿En qué viven ellos? (en una casa particular)
3. ¿Dónde está la casa? (en un suburbio, en las afueras)
4. ¿Cuántos cuartos hay en la casa? (siete)

Apartamentos en Viña del Mar, Chile

C **Una casa particular.** Contesten según el dibujo. (*Answer according to the illustration.*)

1. ¿Cuántos cuartos hay en la planta baja?
2. ¿Cuántos cuartos hay en el primer piso?
3. ¿Qué cuartos están en la planta baja?
4. ¿Qué cuartos están en el primer piso?

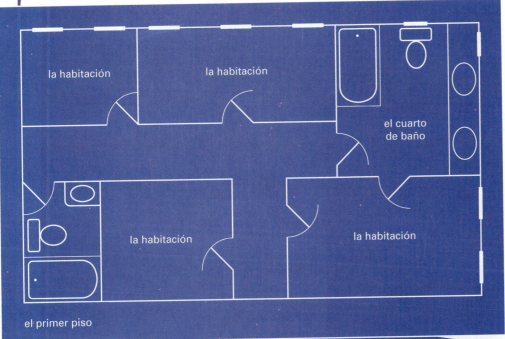
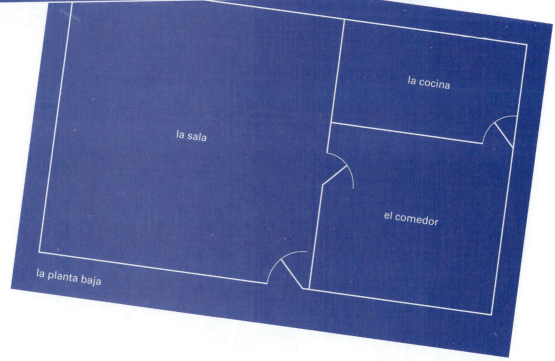

VOCABULARIO

PALABRAS 2

ACTIVIDADES EN CASA

las comidas

el desayuno el almuerzo la cena

Joselito come. ¿Qué come?

Teresita bebe. ¿Qué bebe?

una gaseosa

las papas
la sopa
la ensalada
la carne
el sándwich
el bocadillo
el helado
el postre

un vaso de leche
un café
una limonada

Papá (papi) lee. ¿Qué lee?

un libro
una novela
una revista
un periódico

Mamá escribe.
¿Qué escribe?
¿Con qué escribe?

una carta
una tarjeta postal
el lápiz
el bolígrafo
una invitación
siempre

una telenovela
una película

siempre no, a veces

La familia ve la televisión.
¿Qué ven?

una emisión deportiva
las noticias

Nota: Not all Spanish and English cognates have exactly the same meaning. The verb *asistir*, for example, can mean "to assist", but more frequently it means "to attend". *Asistir* can be a false cognate.

> Los alumnos asisten a la escuela.

When learning a language you should attempt to take educated guesses at the meaning of words through the context of the sentence. Try to guess at the meaning of the words in italics.

> En la escuela la profesora *enseña*.
> Los alumnos no enseñan. Los alumnos *aprenden*.
> La profesora enseña y los alumnos *aprenden*.
> Los alumnos *comprenden*. ¿Qué *comprenden*?
> *Comprenden* las instrucciones de la profesora.
> El señor no compra helados. El *vende* helados.
> El *vende* los helados a los clientes que compran los helados.

CAPÍTULO 5   133

Ejercicios

A Siempre o a veces. Contesten con *siempre* o *a veces*. (*Answer with* siempre *or* a veces.)

1. ¿Cuándo tomas el desayuno en casa?
2. ¿Cuándo tomas el almuerzo en la escuela?
3. ¿Cuándo cenas en un restaurante?
4. ¿Cuándo estudias en la biblioteca?
5. ¿Cuándo subes en el ascensor?

B Comer y beber. Contesten. (*Answer.*)

1. ¿A qué hora toma la familia el desayuno?
2. ¿A qué hora toma la familia el almuerzo?
3. ¿A qué hora cena la familia?
4. ¿Come Diego frutas y cereal para el desayuno?
5. ¿Toma un vaso de leche con el almuerzo?
6. ¿Bebe mucha leche Diego?
7. ¿Come una ensalada con la cena?
8. De postre, ¿come helado?
9. ¿Come helado de vainilla o de chocolate?

C Teresita. Contesten según la foto. (*Answer according to the photo.*)

1. ¿Qué lee Teresita?
2. ¿Qué escribe Teresita?
3. ¿Con qué escribe ella?
4. ¿Qué ve Teresita en la televisión?

D Palabras relacionadas. Busquen una palabra relacionada. (*Find a related word.*)

1. comer
2. beber
3. aprender
4. comprender
5. vender
6. leer
7. escribir
8. asistir
9. vivir
10. subir

a. la comprensión
b. la asistencia
c. la escritura
d. la bebida
e. la comida
f. la subida
g. la lectura
h. la venta
i. el aprendizaje
j. la vivienda

Comunicación

Palabras 1 y 2

A **En la escuela.** Work with a classmate. Prepare a list of activities. Compare your activities with those of your classmate. Then decide in which of the categories below to place each activity.

>en la escuela con los amigos
>después de las clases
>con la familia en casa

B **La familia.** Work with two classmates. Each of you will do the following.

1. make up the name of a family
2. tell where they live
3. tell at what time they get back home each day
4. tell who prepares dinner
5. tell at what time they eat
6. tell some things they eat
7. tell what they do after dinner

C **Un juego.** Write the words that follow on small slips of paper. Put them in a stack. You and a classmate will take turns picking from the stack. Write a sentence with the word you picked. Help each other if you can't do it right away.

>el periódico
>Juan lee el periódico.

1. una novela
2. una carta
3. un bolígrafo
4. un vaso de leche
5. una ensalada
6. el desayuno
7. la televisión
8. la película

ESTRUCTURA

El presente de los verbos en -er e -ir

Describing People's Activities

You have already learned that many Spanish verbs end in *-ar*. These verbs are referred to as first conjugation verbs. Most regular Spanish verbs belong to the *-ar* group. The other two groups of regular verbs in Spanish end in *-er* and *-ir*. Verbs whose infinitives end in *-er* are second conjugation verbs. Verbs whose infinitive ends in *-ir* are third conjugation verbs. Study the following forms. Note that the endings of *-er* and *-ir* verbs are the same except for the *nosotros* and *vosotros* forms.

-ER VERBS				
INFINITIVE	COMER	LEER	APRENDER	ENDINGS
STEM	com-	le-	aprend-	
yo	como	leo	aprendo	-o
tú	comes	lees	aprendes	-es
él, ella, Ud.	come	lee	aprende	-e
nosotros(as)	comemos	leemos	aprendemos	-emos
vosotros(as)	*coméis*	*leéis*	*aprendéis*	*-éis*
ellos, ellas, Uds.	comen	leen	aprenden	-en

-IR VERBS				
INFINITIVE	VIVIR	SUBIR	ESCRIBIR	ENDINGS
STEM	viv-	sub-	escrib-	
yo	vivo	subo	escribo	-o
tú	vives	subes	escribes	-es
él, ella, Ud.	vive	sube	escribe	-e
nosotros(as)	vivimos	subimos	escribimos	-imos
vosotros(as)	*vivís*	*subís*	*escribís*	*-ís*
ellos, ellas, Uds.	viven	suben	escriben	-en

La UNICA Manera de Vivir

2. The verb *ver* "to see" follows the same pattern as other *-er* verbs except the *yo* form.

VER	
yo	veo
tú	ves
él, ella, Ud.	ve
nosotros(as)	vemos
vosotros(as)	véis
ellos, ellas, Uds.	ven

Ejercicios

A ¿A quién escribes? Practiquen la conversación. (*Practice the conversation.*)

RENÉ: Oye, Carmen. ¿Qué escribes?
CARMEN: Escribo una carta.
RENÉ: ¿A quién escribes?
CARMEN: Pues, a un amigo, Jesús Orjales.
RENÉ: ¿Jesús Orjales? ¿Dónde vive él?
CARMEN: Vive en Madrid. Él y yo somos buenos amigos.

Contesten según la conversación. (*Answer based on the conversation.*)

1. ¿Dónde vive Jesús Orjales?
2. ¿Vive Carmen en Madrid también?
3. ¿Escribe Carmen una tarjeta postal a Jesús?
4. ¿Qué escribe?
5. ¿Escribe Carmen la carta o recibe ella la carta?

B ¿Qué aprenden los alumnos en la escuela? Formen oraciones. (*Make up sentences.*)

En la escuela los alumnos…

1. aprender mucho
2. aprender el español
3. leer muchas novelas en la clase de inglés
4. escribir muchas composiciones
5. recibir notas o calificaciones buenas

C Entrevista. Preguntas personales. (*Give your own answers.*)

1. ¿Dónde vives?
2. ¿Vives en un apartamento o en una casa particular?
3. ¿Vives en una ciudad, en un pueblo pequeño, en un suburbio o en el campo?
4. ¿En qué calle vives?
5. En casa, ¿comes con la familia?
6. ¿Comes en el comedor o en la cocina?
7. Después de la cena, ¿lees el periódico?
8. ¿Qué periódico lees?
9. A veces, ¿lees un libro?
10. A veces, ¿escribes una carta a un(a) amigo(a)?

D Preferencias. Formen oraciones según el modelo. (*Make up sentences according to the model.*)

¿Yo? Yo leo muchas novelas. (¿Yo? Yo leo pocas novelas.)

1. novelas
2. poesías
3. comedias
4. novelas de ciencia ficción
5. novelas históricas
6. novelas policíacas
7. biografías
8. autobiografías

E Más preferencias. Formen oraciones según el modelo. (*Make up sentences according to the model.*)

¿Yo? Siempre como frutas.
¿Yo? Como frutas a veces.

1. frutas
2. tomates
3. sándwiches (bocadillos)
4. papas
5. hamburguesas
6. ensalada
7. postre
8. helado

F ¿Y para beber? Preparen una conversación según el modelo. (*Make up a conversation according to the model.*)

—¿Bebes té?
—Sí, bebo té. (No, no bebo té.)

1. té
2. café
3. leche
4. Coca cola
5. Pepsi
6. Fanta
7. gaseosa
8. limonada

138 CAPÍTULO 5

G Oye, ¿qué…? Formen preguntas según el modelo. (*Make up questions according to the model.*)

   Oye, Catalina. ¿Qué lees?

1.
2.
3.
4.

H ¡Y Uds. también! Sigan el modelo. (*Follow the model.*)

   Vivimos en los Estados Unidos.
   Y Uds. también viven en los Estados Unidos, ¿no?

1. Vivimos en los Estados Unidos.
2. Vivimos en una ciudad grande.
3. Recibimos el periódico todos los días.
4. Leemos el periódico todos los días.
5. Aprendemos mucho cuando leemos el periódico.

I Vivimos en los Estados Unidos. Contesten. (*Answer.*)

1. ¿Dónde viven Uds.?
2. ¿Viven Uds. en una casa particular?
3. ¿Viven Uds. en un apartamento?
4. ¿Escriben Uds. mucho en la clase de español?
5. Y en la clase de inglés, ¿escriben Uds. mucho?
6. ¿Comprenden Uds. cuando la profesora habla en español?
7. ¿Reciben Uds. buenas notas en español?
8. ¿Aprenden Uds. mucho en la escuela?
9. ¿Leen Uds. muchos libros?
10. ¿Comen Uds. en la cafetería de la escuela?

J ¿Qué ve? Completen con *ver*. (*Complete with* ver.)

1. Muchas veces yo ___ una película en la televisión.
2. Yo ___ la película con la familia.
3. Las películas que nosotros ___ son interesantes.
4. Yo ___ las noticias en la televisión.
5. ¿___ tú las noticias también?
6. ¿Qué películas ___ Uds.?

Sustantivos en -dad, -tad, -ión The Gender of Nouns

1. Most nouns that end in -dad and -tad are feminine. Almost all of these nouns are cognates. The -dad or -tad endings in Spanish correspond to the ending -ty in English.

   la universidad   la capacidad
   la oportunidad   la realidad
   la popularidad   la responsabilidad

   Most nouns that end in -ión are also feminine. The -ión ending in Spanish corresponds to the -ion ending in English.

   la región   la opinión
   la nación   la división

3. Note that all nouns that end in -dad, -tad, and -ión form their plural by adding an -es.

   la ciudad   las ciudades
   la universidad   las universidades
   la solución   las soluciones
   la administración   las administraciones

Ejercicios

A Una universidad muy buena. Completen. (*Complete with an appropriate word.*)

Asistir a una ___ como Princeton o Harvard es una buena ___. La ___ de los profesores y de la ___ es enseñar a los estudiantes.

B El plural, por favor. Den el plural. (*Give the plural.*)

1. la ciudad
2. la nación
3. la oportunidad
4. la calificación

La entrada de la Universidad de Salamanca, España

La expresión impersonal *hay*

Telling What There is Around You

The expression *hay* means "there is" or "there are."

> Hay muchos edificios altos en una ciudad grande.
> Hay un cuarto de baño en la planta baja de la casa.

Ejercicio

 ¿Cuántos hay? Contesten. (*Answer.*)

1. ¿Cuántos cuartos hay en una casa grande?
2. ¿Cuántos cuartos hay en una casa pequeña?
3. ¿Cuántos pisos hay en un edificio alto?
4. ¿Cuántos alumnos hay en la clase de español?
5. ¿Cuántos profesores o cuántas profesoras hay en la clase de español?
6. ¿Cuántas cafeterías hay en la escuela?
7. ¿Cuántos gimnasios hay en la escuela?
8. ¿Hay un gimnasio para muchachos y otro para muchachas?

CONVERSACIÓN

Escenas de la vida   *¿Dónde vives?*

FELIPE: Oye, Casandra. Tú vives en Madrid, ¿no?
CASANDRA: Sí, soy madrileña y muy castiza.
FELIPE: ¿Dónde vives en Madrid?
CASANDRA: Vivo en Goya, cuarenta y ocho.

FELIPE: ¿En Goya?
CASANDRA: Sí, en la calle Goya.

FELIPE: ¿Uds. viven en la planta baja?
CASANDRA: No, vivimos en el segundo izquierda.

Nota: No es fácil explicar la palabra castizo. Es como la palabra simpático. Significa "puro, legítimo". En Madrid, significa muy madrileño.

A **¿Dónde vive Casandra?** Contesten. (*Answer.*)

1. ¿Vive Casandra en Madrid?
2. ¿Es ella madrileña?
3. ¿En qué calle vive?
4. ¿Qué número?
5. ¿Vive con la familia?
6. ¿Viven ellos en la planta baja?
7. ¿En qué piso viven?

B **¿Y tú?** Preguntas personales.
(*Give your own answers.*)

1. ¿En qué ciudad o pueblo vives?
2. ¿En qué calle vives?
3. ¿Cuál es el número de la casa?
4. ¿Cuál es la zona postal?

142   CAPÍTULO 5

Pronunciación La consonante d

The pronunciation of the consonant **d** in Spanish varies according to its position in the word. When a word begins with **d** (initial position) or follows the consonants **l** or **n**, the tongue gently strikes the back of the upper front teeth.

da	de	di	do	du
da	de	Diego	donde	duque
tienda	derecha	disco	segundo	

When **d** appears within the word between vowels (medial position), the **d** is extremely soft. To pronounce this **d** properly, your tongue should strike the lower part of your upper teeth, almost between the upper and lower teeth. Listen and imitate carefully.

da	de	di	do	du
privada	Adela	estudio	helado	educación
ensalada	modelo	media	estado	

When a word ends in **d** (final position), the **d** is either extremely soft or omitted completely, not pronounced.

> ciudad   nacionalidad

helado

Repeat the following sentences.

> Diego da el dinero a Donato en la ciudad.
> El empleado vende helado y limonada.
> Adela compra la merienda en la tienda.

Comunicación

A ¿**Verdad?** Assume that your partner does the following things, and say so, using ¿verdad? (right). Your partner says *mentira* and corrects you.

> vivir en las afueras
> Estudiante 1: Tú vives en las afueras, ¿verdad?
> Estudiante 2: Mentira. Vivo en la ciudad.

1. beber un vaso de leche
2. comer helado de vainilla
3. escribir con lápiz
4. leer un periódico
5. ver una telenovela

B **A Sevilla.** On the train from Madrid to Sevilla you meet a Spanish student (your partner). He or she wants to know something about you. Provide the following information.

1. where you live
2. where you work or study
3. if you live in an apartment or a private home
4. if you live in a city, suburb, or the country

LECTURA Y CULTURA

VIVIENDAS

En los países hispanos gran parte de la población vive en las grandes ciudades. Por eso, mucha gente vive en apartamentos. En algunos[1] casos son propietarios del apartamento y en otros son inquilinos[2].

Chabolas en Valparaíso, Chile

Como mucha gente vive y también trabaja en la misma ciudad, hay muchos que van a casa al mediodía. Toman el almuerzo en casa con la familia. El almuerzo típico es una comida bastante grande con varios platos. Pero hoy día como hay tanto[5] tráfico, toma mucho tiempo para ir a casa. Por eso la gente come al mediodía en un restaurante o en la cafetería (cantina) de la escuela o de la empresa (compañía) donde trabajan. En todas partes del mundo hay muchos cambios[6] en la manera de vivir. Es la sociedad moderna.

[1] algunos *some*
[2] inquilinos *renters*
[3] pobres *poor*
[4] chabolas, chozas *shacks*
[5] tanto *so much*
[6] cambios *changes*

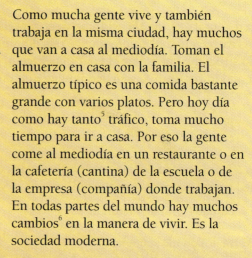

Hay también suburbios con casas particulares en las afueras de las ciudades. Algunos suburbios son muy elegantes con grandes casas de lujo. Pero en las afueras de las ciudades también hay zonas pobres[3] donde la gente vive en chabolas o chozas[4] humildes.

Casas particulares en la Ciudad de México

Estudio de palabras

A Palabras afines. Busquen diez palabras afines en la lectura. *(Find ten cognates in the reading.)*

144 CAPÍTULO 5

B ¿Sí o no? ¿Verdad o no? (*Answer* sí *or* no.)

1. Una persona pobre es una persona con mucho dinero.
2. Un suburbio es un pueblo en las afueras de una ciudad.
3. El propietario es la persona que compra una casa o un apartamento.
4. El inquilino es la persona que compra una casa o un apartamento.
5. El total de habitantes de una ciudad o de un país es la población.
6. El desayuno es la comida del mediodía.
7. Una chabola o choza es una casa elegante.
8. Mucha gente pobre vive en chabolas o chozas.

Comprensión

A ¿Cómo es? Escojan la respuesta correcta. (*Choose the correct completion.*)

1. En los países hispanos gran parte de la gente vive en ___.
   a. hoteles en los suburbios
   b. apartamentos en las grandes ciudades
   c. casas elegantes en el campo

2. Muchas familias viven en apartamentos porque ___.
   a. viven en las grandes ciudades
   b. viven en las afueras de las ciudades
   c. no hay suburbios

3. La mayoría de la gente que vive en apartamentos son ___.
   a. propietarios
   b. inquilinos
   c. pobres

4. La gente rica vive en ___.
   a. chabolas
   b. las zonas pobres
   c. casas grandes y lujosas

5. Una chabola es ___.
   a. una casa lujosa y elegante
   b. una pequeña casa pobre
   c. una zona pobre

B Información cultural. Según la lectura, escojan la diferencia cultural más importante. (*According to the reading, select the most important cultural difference.*)

a. Las ciudades son muy importantes en Latinoamérica.
b. En los países hispanos más gente vive en apartamentos en ciudades grandes que en los Estados Unidos.
c. No hay suburbios en Latinoamérica.

LOS CIPRESES DEL MAR

MEMORIA CALIDADES
Gran lujo
Aire acondicionado
Sofisticado sistema de seguridad
Cocina equipada con aparatos BOSCH
Bañera JACUZZI con hidromasaje
Antena parabólica
Televisión ✷ Video

MILLA DE ORO
Km. 0,00 MARBELLA (Junto Hotel Don Pepe)
desde: 200.000 Ptas. m²

Telf. 942-837586

CAPÍTULO 5

DESCUBRIMIENTO CULTURAL

Aquí ves la dirección de un madrileño.

Emilio Iglesias Herrera
Calle de Serrano 74, 5° Izda[1].
28006 Madrid,
España

¿En qué calle vive el señor Herrera? ¿En qué piso vive? ¿Cuál es la zona postal? ¿El apartamento o piso en Madrid está a la derecha o a la izquierda? ¿Cuál es la abreviatura de izquierda?

Casandra, la muchacha castiza en la conversación, vive en la calle Goya. La calle Goya es una calle en la zona o barrio Salamanca. Salamanca es una zona elegante de Madrid. Otra calle en Salamanca es la calle Velázquez. Goya y Velázquez son pintores o artistas muy famosos de España. Hay una colección fantástica de sus pinturas en el Museo del Prado. El Museo del Prado es un museo famoso de Madrid.

En muchos países hispanos la cena es a las ocho o a las ocho y media de la noche. Pero en España, la gente no cena hasta las diez o las once de la noche.

En España y Latinoamérica la gente toma café, pero no con la comida. Toman café después de la comida. Y otra cosa interesante—la gente no bebe leche ni agua con la comida. En España beben agua mineral. En algunos países, sobre todo, en España, la Argentina, Chile y el Uruguay, la gente toma vino[2] con la comida—vino blanco o vino tinto.

¿Cuándo comen los hispanos la ensalada, antes de la comida, con la comida, o después de la comida? Muchos hispanos comen la ensalada después del plato principal. ¿Cuándo comen Uds. la ensalada?

[1] izda., izquierda *left*
[2] vino *wine*

Y AQUÍ EN LOS ESTADOS UNIDOS

En los Estados Unidos gran número de ciudades llevan nombres españoles, Sacramento, San Antonio, El Paso, Los Ángeles y San Francisco, Monterey y Las Vegas y en Alaska, Valdez. También los nombres de algunos estados son españoles, especialmente en el suroeste del país. California, Colorado, Nevada, Nuevo México, Florida, todos son nombres españoles. Los españoles son los primeros exploradores europeos del continente norteamericano.

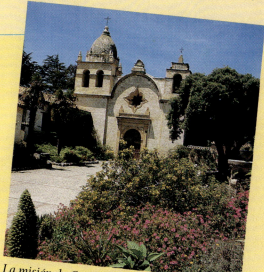

La misión de Carmel, California

REALIDADES

El almuerzo en la casa de Juan Pablo Rodríguez, un muchacho español 1.

Aquí ven Uds. una zona residencial de Guadalajara, México 2.

Una casa particular en Caracas, Venezuela 3. Es una casa moderna.

Apartamentos en Sevilla, España 4.

Apartamentos en venta en Puerto Rico 5.

3 APARTAMENTOS

SE VENDE
INF. OSVALDO VELEZ
REAL ESTATE
AVE. ESMERALDA P-10, GUAYNABO, PR
TEL. 789-4279
DIA Y NOCHE

2 MIL PIES² COMERCIAL

5

149

CULMINACIÓN

Comunicación oral

A **De paseo.** While visiting in Chile you meet a student (your partner) who wants to know the following about eating customs in the United States.

1. when you eat your salad at dinner
2. at what time you eat dinner
3. where people eat lunch
4. what people drink with their meals
5. when people drink coffee

B **El apartamento nuevo.** You are looking for an apartment. Tell the real estate agent (your partner) the type of apartment you need and the features you want it to have. The real estate agent will tell you what apartments he or she has available.

Comunicación escrita

A **En el campo.** You and your family have rented a condo in the country. Write a letter to a Spanish-speaking friend describing the condo. Include the following information.

1. where it is located
2. which floor you are on
3. if it is big or small
4. how many rooms it has
5. if it has stairs or an elevator
6. if it has a television and how many
7. your general impression of the condo

B **Otra carta.** Write a letter to a friend in Puerto Rico. Tell him or her where you live; some things you do at home after school; when you eat; what you eat for dinner; what you talk about with your friends on the telephone; what types of things you read or watch on TV.

Reintegración

A **Entrevista.** Preguntas personales. (*Give your own answers.*)

1. ¿De dónde eres?
2. ¿Dónde vives?
3. ¿En qué escuela eres alumno(a)?
4. ¿Estudias español?
5. ¿Quién es el/la profesor(a) de español?
6. ¿Qué notas sacas en español?
7. ¿Lees mucho en español?
8. ¿Comprendes cuando el/la profesor(a) habla español en clase?

B **La clase de español.** Completen con la forma apropiada del verbo. (*Complete with the correct form of the verb.*)

1. La clase de español ___ muy interesante. (ser)
2. La profesora ___ muy buena. (ser)
3. Ella ___ bien. (enseñar)
4. Nosotros ___ mucho en la clase de español. (estudiar)
5. Juan y Carlos ___ la guitarra. (tocar)
6. Ellos ___ la guitarra y nosotros ___. (tocar, cantar)
7. Yo ___ una nota muy buena en español. (sacar)

Vocabulario

SUSTANTIVOS
la ciudad
las afueras
los suburbios
el pueblo
el campo
la calle
la avenida
el edificio
la planta baja
el apartamento
el ascensor
la escalera
el piso
la sala
la cocina
el comedor
el cuarto de dormir
el dormitorio
la habitación
el cuarto de baño

la comida
el desayuno

el almuerzo
la cena
la sopa
la carne
la papa
la ensalada
el sándwich
el bocadillo
el postre
el helado
el vaso
la leche
la gaseosa
el café
la limonada
la televisión
la película
la telenovela
la emisión
las noticias
el libro
la novela
el periódico
la revista

la carta
la tarjeta postal
la invitación
el bolígrafo
el lápiz

ADJETIVOS
primer(o)(a)
segundo(a)
tercer(o)(a)
cuarto(a)
quinto(a)
sexto(a)
séptimo(a)
octavo(a)
noveno(a)
décimo(a)

particular
privado(a)
deportivo(a)

VERBOS
comer
beber

leer
vender
comprender
aprender
ver
vivir
subir
asistir
escribir

OTRAS PALABRAS Y EXPRESIONES
hay
a la derecha
a la izquierda
siempre
a veces
mucho
poco

CAPÍTULO

6

LA FAMILIA Y SU CASA

OBJETIVOS

In this chapter you will learn to do the following:

1. talk about your family
2. describe your home
3. give your age and find out someone else's age
4. tell what you have to do
5. tell what you are going to do
6. talk about your belongings and those of others
7. talk about families in Spanish-speaking countries

VOCABULARIO

PALABRAS 1

LA FAMILIA

Es la familia Galdós.
El señor y la señora Galdós tienen dos hijos.
Tienen un hijo y una hija.
Los Galdós tienen un perro.
No tienen un gato.

¿Cuántos años tienen los hijos?
Pepe, el hijo, tiene dieciséis años.
Celia, la hija, tiene catorce años.
Son jóvenes. No son viejos.

CAPÍTULO 6 155

Ejercicios

A La familia Galdós. Contesten. (*Answer.*)

1. ¿Tiene la familia Galdós un apartamento en Lima?
2. ¿Tienen dos hijos los Galdós?
3. ¿Es grande o pequeña la familia Galdós?
4. ¿Cuántos años tiene el hijo?
5. ¿Y cuántos años tiene la hija?
6. ¿Los Galdós tienen un perro o un gato?
7. Los hijos de los Galdós, ¿tienen primos?
8. ¿Tienen tíos también?

B Mi familia. Completen. (*Complete.*)

1. El hermano de mi padre es mi ___.
2. La hermana de mi padre es mi ___.
3. El hermano de mi madre es mi ___.
4. La hermana de mi madre es mi ___.
5. El hijo de mi tío y de mi tía es mi ___.
6. Y la hija de mis tíos es mi ___.
7. Los hijos de mis tíos son mis ___.

C ¡Y yo! Escojan la respuesta correcta. (*Choose the correct answer.*)

1. Y yo, yo soy ___ de mis abuelos.
   a. el nieto   b. la nieta
2. Yo soy ___ de mis padres.
   a. el hijo   b. la hija
3. Yo soy ___ de mi tío.
   a. el sobrino   b. la sobrina
4. Yo soy ___ de mi hermana.
   a. el hermano   b. la hermana
5. Yo soy ___ de mi hermano.
   a. el hermano   b. la hermana

156   CAPÍTULO 6

VOCABULARIO

PALABRAS 2

LA CASA Y EL APARTAMENTO

Es la casa de la familia López.
Su casa es bonita.
Alrededor de la casa hay un jardín.
El jardín tiene árboles, plantas y flores.

Es el apartamento de la familia Asenjo.
Su apartamento tiene un balcón.
Del balcón hay una vista bonita, preciosa.
Hay una vista del parque.

Ejercicios

A La casa de la familia López.
Contesten. (*Answer.*)

1. ¿Es bonita la casa de la familia López?
2. ¿Tiene la casa un jardín?
3. ¿Es bonito el jardín?
4. ¿Tiene flores y árboles el jardín?
5. ¿Tienen los López un coche nuevo?
6. ¿Está en el garaje su coche?
7. ¿Tienen los hijos de los López una bicicleta o un ciclomotor?
8. ¿Tienen televisor? ¿Dónde está?

B El apartamento o la casa.
Escojan la respuesta correcta. (*Choose the correct answer.*)

1. Tiene un balcón. (el apartamento/la casa)
2. Está en el quinto piso. (el apartamento/la casa)
3. Hay una vista bonita. (del balcón/del coche)
4. Tiene garaje. (el apartamento/la casa)
5. Del balcón hay una vista preciosa. (del garaje/del parque)
6. ¿Dónde está el coche? (en el jardín/en el garaje)

C El cumpleaños de Luisa López.
Contesten según se indica. (*Answer according to the cue.*)

1. ¿Qué es hoy? (el cumpleaños de Luisa)
2. ¿Cuántos años tiene o cumple? (quince)
3. ¿Qué dan sus padres en su honor? (una fiesta)
4. ¿Qué recibe Luisa? (muchos regalos)
5. ¿Van todos sus parientes a la fiesta? (sí)

Comunicación
Palabras 1 y 2

A **La familia.** You and your partner each prepare a family tree with grandparents, aunts and uncles, cousins, parents, brothers and sisters, and nieces and nephews (if you have them). Then take turns, identifying and telling something about each relative.

> Mi abuelo es José Marchena.
> Es viejo, y muy simpático.

B **Mi familia.** Work with a classmate. Tell him or her something about your family. After each statement you make, your classmate will say something about his or her family. Use the model as a guide.

> Estudiante 1: En mi familia hay cuatro personas. (Somos cuatro.)
> Estudiante 2: ¡Cuatro! En mi familia hay cinco personas. (Somos cinco.)
> Estudiante 1: Vivimos en una casa.
> Estudiante 2: Nosotros, no. Vivimos en un apartamento.

C **Mis parientes.** Work with a classmate. Write each of the following words on a slip of paper. Put the papers in a pile. Take turns picking a paper from the pile and give a definition of the word on your slip.

1. mi primo
2. mi abuela
3. mi tío
4. mi sobrina
5. mis tíos
6. mi papá

ESTRUCTURA

El presente del verbo *tener*

Telling What You and Others Have, Telling People's Ages

1. The verb *tener* "to have," is irregular. Study the following forms.

TENER	
yo	tengo
tú	tienes
él, ella, Ud.	tiene
nosotros(as)	tenemos
vosotros(as)	*tenéis*
ellos, ellas, Uds.	tienen

2. You also use the verb *tener* to express age in Spanish.

> ¿Cuántos años tienes?
> ¿Cuántos años tiene Ud.?
> Tengo dieciséis años.

Ejercicios

A **¿Tienes un hermano?** Practiquen la conversación. (*Practice the conversation.*)

TERESA: Reynaldo, ¿tienes un hermano?
REYNALDO: No, no tengo hermano. Tengo una hermana.
TERESA: ¿Cuántos años tiene ella?
REYNALDO: Tiene catorce años.
TERESA: Y tú, ¿cuántos años tienes?
REYNALDO: ¿Yo? Yo tengo dieciséis.
TERESA: ¿Uds. tienen un perrito?
REYNALDO: No, perrito no tenemos. Pero tenemos una gata adorable.

Completen según la conversación. (*Complete according to the conversation.*)

1. Reynaldo no ___ hermano.
2. Pero él ___ una hermana.
3. Su hermana ___ catorce años.
4. Reynaldo ___ dieciséis años.
5. Reynaldo y su hermana no ___ perrito.
6. Pero ellos ___ una gata adorable.

CAPÍTULO 6

B **Una entrevista.** Preguntas personales. (*Give your own answers.*)

1. ¿Tienes un hermano?
2. ¿Cuántos hermanos tienes?
3. ¿Tienes una hermana?
4. ¿Cuántas hermanas tienes?
5. ¿Tienes un perro?
6. ¿Tienes un gato?
7. ¿Tienes muchos amigos?
8. ¿Tienes primos?
9. ¿Cuántos primos tienes?
10. ¿Cuántos tíos tienes?
11. ¿Cuántas tías tienes?
12. ¿Tienes una familia grande o pequeña?

C **¿Qué tienes?** Formen preguntas con *tienes*. (*Make up questions with* tienes.)

1. un hermano
2. una hermana
3. primos
4. un perro
5. un gato
6. muchos amigos

D **¿Qué tienen Uds.?** Formen preguntas según se indica. (*Make up questions according to the model.*)

    una casa o un apartamento
    Marcos y Adela, ¿qué tienen Uds.? ¿Tienen una casa o un apartamento?

1. un perro o un gato
2. un hermano o una hermana
3. un sobrino o una sobrina
4. una familia grande o pequeña
5. una bicicleta o un ciclomotor
6. cintas o discos

E **Nuestra familia.** Contesten según su familia. (*Answer based on your family.*)

1. ¿Tienen Uds. una casa?
2. ¿Tienen Uds. un apartamento?
3. ¿Tienen Uds. un coche?
4. ¿Tienen Uds. un ciclomotor o una bicicleta?
5. ¿Tienen Uds. teléfono?
6. ¿Tienen Uds. televisor?

Un edificio de apartamentos en Madrid

La plaza en Chinchón, España

F **La familia Sánchez.** Completen con *tener*. (*Complete with* tener.)

Aquí ___(1)___ (nosotros) la familia Sánchez. La familia Sánchez ___(2)___ un piso (apartamento) muy bonito en Madrid. El piso ___(3)___ seis cuartos y está en Salamanca, una zona bastante elegante de Madrid. Los Sánchez ___(4)___ una casa de campo en Chinchón. La casa de campo en Chinchón es un pequeño chalet donde los Sánchez pasan los fines de semana (*weekends*) y sus vacaciones. La casa de campo ___(5)___ cinco cuartos. Hay cuatro personas en la familia Sánchez. Carolina ___(6)___ diecisiete años y su hermano Gerardo ___(7)___ quince años. Gerardo y Carolina ___(8)___ un perrito encantador, Chispa. Adoran a su Chispa. ¿Tú ___(9)___ un perro? ¿Tú ___(10)___ un gato? ¿Tu familia ___(11)___ un apartamento o una casa? ¿Uds. también ___(12)___ una casa de campo donde pasan los fines de semana como ___(13)___ los Sánchez?

Tener que + el infinitivo
ir a + el infinitivo

Telling What You Have to Do
Telling What You're Going to Do

1. *Tener que* + *infinitive* (*-ar*, *-er*, or *-ir* form of the verb) means "to have to."

   Tengo que comprar un regalo.

2. *Ir a* + *infinitive* means "to be going to." It is used to express what is going to happen in the near future.

   Vamos a llegar mañana.
   Ella va a cumplir quince años.

Ejercicios

A ¡Cuánto tengo que trabajar! Preguntas personales. (*Give your own answers.*)

1. ¿Tienes que trabajar mucho en la escuela?
2. ¿Tienes que estudiar mucho?
3. ¿Tienes que leer muchos libros?
4. ¿Tienes que escribir composiciones?
5. ¿Tienes que tomar exámenes?
6. ¿Tienes que sacar buenas notas?

B En la clase de español. ¿Qué tienen que hacer? (*Tell what you have to do in Spanish class.*)

1. hablar
2. pronunciar bien
3. aprender el vocabulario
4. leer
5. escribir un poco
6. comprender una nueva cultura

C Voy a dar una fiesta. Contesten. (*Answer.*)

1. ¿Vas a dar una fiesta?
2. ¿Vas a dar la fiesta en honor de Paco?
3. ¿Va a cumplir diecisiete años Paco?
4. ¿Vas a invitar a los amigos de Paco?
5. ¿Vas a preparar refrescos?
6. ¿Van Uds. a bailar durante la fiesta?
7. ¿Van a cantar?
8. ¿Van a comer?

D No, porque… Sigan el modelo. (*Follow the model.*)

> ver la televisión/preparar la comida
> *No voy a ver la televisión porque tengo que preparar la comida.*

1. escuchar discos/estudiar
2. ver la televisión/escribir una composición
3. ir a la fiesta/trabajar
4. tomar seis cursos/sacar buenas notas
5. tomar apuntes/escuchar al profesor
6. ir al café/escribir una carta a abuelita

Los adjetivos posesivos

Telling What Belongs to You and to Others

1. You use possessive adjectives to show possession or ownership. Like other adjectives, the possessive adjectives must agree with the nouns they modify.

    mi   tu   su   nuestro(a)   (vuestro[a])

2. The adjectives *mi*, *tu*, and *su* have only two forms: singular and plural.

    mi disco y mi cinta   mis discos y mis cintas
    tu disco y tu cinta   tus discos y tus cintas
    su disco y su cinta   sus discos y sus cintas

3. The possessive adjective *su* can mean "his," "her," "their," or "your." Its meaning is usually clear by its use in the sentence. If, however, it is not clear, *su* can be replaced by a prepositional phrase.

    el libro { de él / de ella / de Ud. }   el libro { de ellos / de ellas / de Uds. }

4. The possessive adjective *nuestro* "our" has four forms.

    nuestro apartamento
    nuestros libros
    nuestra casa
    nuestras revistas

5. The possessive adjective *vuestro*, like the subject pronoun *vosotros*, is only used in parts of Spain. *Vuestro*, like *nuestro*, also has four forms.

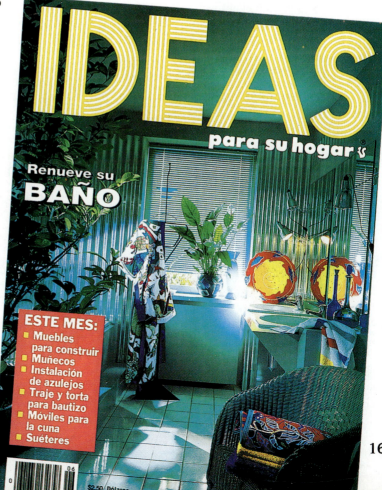

Ejercicios

A **Mi casa y mi familia.** Preguntas personales. (*Give your own answers.*)

1. ¿Dónde está tu casa o tu apartamento?
2. ¿Cuántos cuartos tiene tu casa o tu apartamento?
3. Tu apartamento o tu casa, ¿es grande o pequeño(a)?
4. Si tienes hermano, ¿cuántos años tiene?
5. Si tienes hermana, ¿cuántos años tiene?
6. ¿Cuántas personas hay en tu familia?
7. ¿Tus tíos viven en la misma ciudad o en el mismo pueblo?
8. Tu casa o tu apartamento, ¿está en una ciudad o en un pueblo pequeño?
9. ¿Tus abuelos viven en la misma ciudad o en el mismo pueblo?
10. Si tienes un perro o un gato, ¿es adorable tu animalito, tu mascota?

B **¿Dónde está tu…?** Sigan el modelo. (*Follow the model.*)

    la casa
    Lupita, ¿dónde está tu casa?

1. el hermano
2. la hermana
3. los primos
4. el padre
5. la madre
6. el perro
7. el gato
8. los libros
9. la escuela
10. el/la profesor(a) de español

C **¿Yo? De ninguna manera.** Preparen una conversación. (*Make up a conversation.*)

    libro
    Estudiante 1: ___, ¿(tú) tienes mi libro?
    Estudiante 2: No. De ninguna manera. No tengo tu libro. La verdad es que tú tienes tu libro.

1. libros
2. revista
3. cinta
4. discos
5. dinero

D **Su amigo es muy simpático.** Sigan el modelo. (*Follow the model.*)

    el hermano de Susana
    Su hermano es muy simpático.

1. el hermano de Pablo
2. el hermano de Ud.
3. la amiga de Pablo
4. la amiga de Ud.
5. el primo de Carlos y José
6. la tía de Teresa y José
7. los tíos de Teresa y José
8. los padres de Uds.
9. el abuelo de Uds.
10. los amigos de Uds.

E **Nuestra casa.** Preguntas personales. (*Give your own answers.*)

1. Su casa (la casa de Uds.), ¿es grande o pequeña?
2. ¿Cuántos cuartos tiene su casa?
3. ¿Su casa está en la ciudad o en el campo?
4. ¿En qué calle está su escuela?
5. Su escuela, ¿es una escuela intermedia o una escuela superior?
6. ¿Quién es su profesor(a) de español?
7. ¿De qué nacionalidad es su profesor(a) de español?
8. En general, ¿sus profesores son simpáticos?
9. ¿Son interesantes sus cursos?
10. ¿Son grandes o pequeñas sus clases?

Una escuela superior en Mérida, Venezuela

Una casa en Chile

CONVERSACIÓN

Escenas de la vida   *¿Tú tienes hermana?*

TADEO: Tengo que ir a la tienda.
JAIME: ¿Por qué?
TADEO: Tengo que comprar un regalo para mi hermana. Mañana es su cumpleaños.

JAIME: ¿Tú tienes hermana?
TADEO: Sí.

JAIME: ¿Cuántos años tiene?
TADEO: Mañana va a cumplir quince años.

■ **De compras.** Contesten según la conversación. (*Answer according to the conversation.*)

1. ¿Con quién habla Tadeo?
2. ¿Adónde tiene que ir Tadeo?
3. ¿Qué tiene que comprar?
4. ¿Por qué tiene que comprar un regalo para su hermana?
5. ¿Cuántos años tiene su hermana?
6. ¿Cuántos años va a cumplir mañana?

Pronunciación   *Las consonantes b, v*

There is no difference in pronunciation between a **b** and a **v** in Spanish. The **b** or **v** sound is somewhat softer than the sound of an English **b**. When making this sound, the lips barely touch.

ba	be	bi	bo	bu
bajo	bebé	bicicleta	bonito	bueno
balcón	escribe	bien	recibo	bus
trabaja	recibe	biología	árbol	aburrido

va	ve	vi	vo	vu
va	ve	vista	vosotros	vuelo
vaso	verano	vive	vólibol	vuelta

Repeat the following sentences.

> El joven vive en la avenida Bolívar en Bogotá.
> Bárbara trabaja los sábados en el laboratorio de biología.
> El bebé ve la vista bonita del balcón.

El bebé vuela en el verano.

Comunicación

A Las vacaciones. You are travelling through the Yucatan peninsula in Mexico visiting the wonderful Mayan ruins. You meet Jaime Buenrostro, a Mexican student. He asks you:

1. how old you are
2. how many brothers and sisters you have
3. if you live in a house or apartment
4. when your birthday is
5. if you have a cat or a dog

Answer Jaime's questions.

B Mañana... With a classmate prepare a list of things you are going to do tomorrow. Tell your classmate what you are going to do and he or she will let you know if he or she has to do the same thing. Report to the class.

C Tengo que... Make a list of things that you're not going to do because you have to do something else. Ask your partner if he or she has to do the same thing. If the answer is *no*, find out what your classmate is going to do.

D Mis cosas. Ask your partner questions about the following. Your classmate will answer. Then reverse roles.

1. su carro o su bicicleta
2. su casa o su apartamento
3. el jardín de su casa o el balcón de su apartamento
4. su perro o su gato
5. su hermana o su prima

LECTURA Y CULTURA

LA FAMILIA HISPANA

Cuando un joven hispano habla de su familia, no habla solamente[1] de sus padres y de sus hermanos. Habla también de sus abuelos, de sus tíos y de sus primos. En fin, habla de todos sus parientes—incluso sus padrinos[2], el padrino y la madrina. Los padrinos forman una parte íntegra del círculo familiar.

La familia tiene mucha importancia en la sociedad hispana. Cuando hay una celebración como un matrimonio, un bautizo o un cumpleaños, todos los parientes van a la fiesta. Aun[3] los apellidos hispanos reflejan[4] la importancia que tiene la familia de una persona.

Aquí tenemos un ejemplo de los apellidos de una familia.

¡Y otra cosa importante! Los parientes políticos[5] también forman parte de la familia hispana.

[1] solamente *only*
[2] padrinos *godparents*
[3] aun *even*
[4] reflejan *reflect*
[5] políticos *in-laws*

CONTRERAS L. MARTHA
DOCTORA MARTHA CONTRERAS LAURRABAQUIO
CIRUJANO DENTISTA
DE 11 A 3 Y 5 A 9:30
2-16-27

ABOGADOS
**LIC. CARLOS MORALES VILLALOBOS
LIC. JOAQUÍN RENTERÍA DÍAZ**
Asuntos Judiciales y Administrativos
F. Bartolomé de las Casas 139 Sur
(Casi Esq. Con 16 de Sept)
4-11-15

ANTES DEL MATRIMONIO			
		APPELLIDO PATERNO	APPELLIDO MATERNO
EL JOVEN, EL NOVIO	Arturo	Guzmán	Echeverría
LA JOVEN, LA NOVIA	María	Blanco	Robles
DESPUÉS DEL MATRIMONIO			
EL ESPOSO		LA ESPOSA	
Arturo Guzmán Echeverría		María Blanco de Guzmán	
LOS HIJOS DEL MATRIMONIO			
EL HIJO		LA HIJA	
José Guzmán Blanco		Luisa Guzmán Blanco	

Estudio de palabras

A **Palabras afines.** Busquen diez palabras afines en la lectura. (*Find ten cognates in the reading.*)

B **¿Quiénes…?** Escojan la respuesta correcta. (*Choose the correct answer.*)

1. ¿Quiénes son los padres?
   a. el padre y la madre
   b. los parientes
2. ¿Quiénes son los parientes?
   a. el padre y la madre
   b. los abuelos, los tíos, los primos, etc.
3. ¿Quiénes son los parientes políticos?
   a. los parientes del esposo
   b. los parientes de sus abuelos o de la esposa

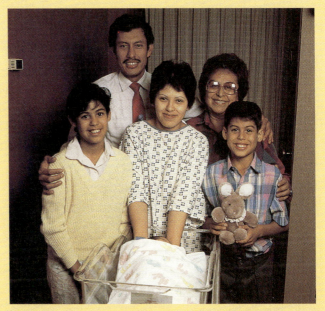

Comprensión

A **La familia.** Contesten. (*Answer.*)

1. Cuando un joven hispano habla de su familia, ¿habla solamente de sus padres y de sus hermanos?
2. ¿De quiénes habla?
3. ¿Cómo es la familia en la sociedad hispana?

B **Los apellidos.** Completen. (*Complete.*)

1. Un joven hispano lleva el apellido de su padre y de ___.
2. Una joven hispana también lleva el apellido de su ___ y de su ___.
3. Después del matrimonio, la esposa mantiene el apellido de su ___ y toma el apellido de su ___.

C **Inferencia.** From this reading, what would you say about the families in Spain and Latin America in comparison to the families in the United States?

CAPÍTULO 6   171

DESCUBRIMIENTO CULTURAL

En España y en Latinoamérica, ¿hay familias de un sólo padre como aquí en los Estados Unidos? Sí, hay. Y en los países más industrializados del mundo hispano hay más y más. Sin embargo, el divorcio es un fenómeno relativamente nuevo (reciente) en las sociedades hispanas.

En inglés usamos la palabra "step" cuando hablamos, por ejemplo, del esposo de uno de nuestros padres. Hay términos en español también. Son la madrastra, el padrastro, el hijastro, la hijastra, el hermanastro y la hermanastra. Pero no son palabras de uso común. En vez de hablar de su madrastra, un hispano habla de la esposa de su padre. En vez de hablar de su hermanastro, habla del hijo del esposo de su madre o del hijo de la esposa de su padre.

En los Estados Unidos celebramos el "sweet sixteen" de una muchacha con una fiesta especial en su honor. En muchos países hispanos y también entre las familias hispanas de los Estados Unidos festejan a la quinceañera. La quinceañera es la muchacha que cumple quince años. Hay una gran fiesta en su honor. Todos los parientes y amigos asisten a la fiesta. La muchacha recibe

QUINCE AÑOS. Rodeada del afecto de sus seres queridos, celebró sus anhelados quince años la gentil señorita Ivonne de la Caridad Bolaños, hija del señor José Bolaños y señora, Mayra de Bolaños, estimados miembros de la colonia hispanoamericana. A las muchas felicitaciones recibidas, unimos las nuestras muy especiales, más votos por que cumpla muchos más.

DOM	LUN	MAR	MIER	JUE	VIER	SAB
	1 San Severo	2 La Candelaria	3 San Blas	4 San Gilberto	5 C Mexicana 1917	6 San Teófilo
7 San Romualdo	8 San Ciriaco	9 San Nicéforo	10 San Guillermo	11 N. S. de Lourdes	12 San Melesio	13 San Benigno
14 San Valentín	15 San Faustino	16 San Onésimo	17 San Teódulo	18 San Heladio	19 San Álvaro	20 San Eleuterio
21 San Severiano	22 San Pascasio	23 Sta. Marta	24 Día de la Bandera	25 San Cesáreo	26 San Néstor	27 San Leandro
28 San Hilario						

muchos regalos. Si la familia de la quinceañera tiene mucho dinero, ella recibe regalos fabulosos, como un viaje a los Estados Unidos o a Europa.

En los países hispanos la gente celebra también el día de su santo. Muchas personas llevan el nombre de un santo. Hay un santo para cada día del calendario. Celebran también el cumpleaños del santo que tiene el mismo nombre. frecuentemente, el cumpleaños y el día del santo son el mismo día. ¿Por qué? Algunas veces los padres dan a su hijo el nombre del santo del día de su nacimiento.

Y AQUÍ EN LOS ESTADOS UNIDOS

En muchas comunidades hispanas de los Estados Unidos todavía se celebran *los quince*. Los americanos de ascendencia cubana, mexicana y puertorriqueña en particular tienen la costumbre de dar una fiesta para la *quinceañera*. Las fiestas de las familias ricas son magníficas, con comida abundante, baile y músicos que tocan música tradicional y moderna. El vestido de la quinceañera también es elegante y caro[1]. Las familias modestas celebran de manera más modesta. Pero también hay mucha comida, baile y música. Si no hay una banda de música, siempre hay discos. Las fiestas son alegres, y toda la familia, jóvenes y viejos, toma parte.

[1] caro *expensive*

REALIDADES

Una fiesta familiar hispana [1]. En su opinión, ¿quién cumple años, un niño o un adulto? ¿Quiénes están en la fiesta? ¿Dónde tiene lugar la fiesta?

Una feliz quinceañera con su bonito vestido de gala [2]. Sus padres van a dar una fiesta en su honor. ¿Cuántos años cumple hoy la muchacha? ¿Va a recibir muchos regalos?

Es una invitación para una boda [3]. En la invitación los hijos y no sus padres anuncian su matrimonio.

La bebé Marisol del Rocío celebra su bautizo [4]. Sus padres y sus padrinos anuncian la alegre ocasión. ¿Qué opinas? ¿Van a dar una fiesta o no?.

Es una ceremonia nupcial en una iglesia católica [5]. Una boda es como el nacimiento de una familia nueva. ¿Quién es la muchacha? ¿Quiénes son sus padres?

Nosotros:
Mariela
y
José Daniel

Ante Dios y ante ustedes nos uniremos en matrimonio el día 11 de diziembre a las 17:30 horas, en la Parroquia del Verbo Encarnado y la Sagrada Familia. Puebla y Orizaba, Col. Roma.

Compartiendo esta alegría nuestros padres

Fernando Hernández Moreno
Teresa Vértiz de Hernández

José Alvarez Ramos
Pilar Aguilar de Alvarez

México, D. F.

Marisol del Rocío

Nació en la Ciudad de México el día 9 de julio de 1993 y fué bautizada en el Santuario Parroquial de Ntra. Señora de la Piedad el día 14 del mismo mes y año.

Sus padres:

Raúl García Puente

e

Inés Gómez de García

Sus padrinos:

Hugo Magaña Campos

y

Diana Collado de Magaña

CULMINACIÓN

Comunicación oral

A **¿Qué tengo que hacer?** Tell your partner what you have to do to accomplish the following things. Reverse roles.

> para llegar a la escuela
> *Para llegar a la escuela, tengo que tomar el autobús.*

1. para ir a la tienda
2. para hablar español bien
3. para sacar una "A" en historia
4. para ir a la universidad
5. para ir a la fiesta
6. para tener buenos amigos

B **Mi casa.** Give your partner a description of your house or apartment. Your partner will write down the information and report it to the class.

C **¿Por qué…?** Tell your partner why you have to go to the following places. Reverse roles.

> a la tienda
> *Tengo que ir a la tienda porque tengo que comprar un regalo.*

1. a la tienda
2. a la cocina
3. a la escuela
4. al pueblo
5. al comedor
6. a mi cuarto
7. a la avenida Nueva York
8. al apartamento de mi amigo

Comunicación escrita

A **El árbol genealógico.** Prepare your own family tree using the Hispanic system of last names. Include the following relatives: grandparents, aunts and uncles, your parents, and your brothers and sisters.

B **Voy a vivir en Puerto Rico.** You are going to move to San Juan, Puerto Rico, and need to rent a house or apartment there. You decide to put an ad in the local newspaper. Write an ad describing the kind of house you are looking for.

C **La casa de mis sueños.** Write a paragraph describing the house of your dreams. Include its size, how many rooms it has, what the rooms are, if there is a garage, yard, balcony, trees, plants, flowers, etc. Then exchange papers with a classmate and proofread the paragraphs.

ALQUILER CASAS SOLAS

ECHEGARAY, LAS AMÉRICAS, AMPLIA CASA, 4 RECÁMARAS, 2 BAÑOS, COCINA INTEGRAL, 2 GARAJES, A DOS MINUTOS PERIFÉRICO. ¡VÉALA! ALLEN AGENCIA INMOBILIARIA. 574-41-25.

FUENTES Satélite, casa tres recámaras, teléfono. PINGEL BIENES RAÍCES. 562-66-43.

JARDÍN BALBUENA, CASA SOLA, BIEN UBICADA, TOTALMENTE RESTAURADA. RENTO, INFORMES, A LOS TELS. 763-18-11, 581-89-61.

LOMAS DE CHAPULTEPEC, MAGNÍFICA RESIDENCIA EN RENTA, PARA OFICINAS, 430 METROS CUADRADOS, 3 LÍNEAS TELEFÓNICAS, AMUEBLADA O SIN AMUEBLAR, TODOS SERVICIOS. 562-80-91, 562-08-96, 393-32-11, 393-28-60.

LOMAS de Chapultepec, Prado Norte, tres recámaras, servicios, jardín. Siete millones. 521-76-51, 512-38-74.

NARVARTE. Rento casa para oficinas, cuatro recámaras, uso suelo. 688-25-21, 550-28-77, 180 metros.

Reintegración

A La casa. Completen. (*Complete.*)

1. Preparamos la comida en ___.
2. Comemos en ___.
3. Miramos (vemos) la televisión en ___.
4. La sala, la cocina y el comedor están en ___.
5. Los cuartos de dormir están en ___.
6. Alrededor de la casa hay ___.
7. El jardín tiene ___.
8. El coche está en el ___.

B ¿Qué clase? Escojan. (*Choose.*)

biología   español   álgebra   inglés

1. Voy al laboratorio donde miro muestras en el microscopio.
2. Hablo mucho.
3. Soluciono ecuaciones.
4. Aprendo una nueva cultura.
5. Tengo que disecar un animal.
6. Aprendo muchas palabras nuevas.
7. Leo muchas novelas, poesías, etc.
8. Escribo composiciones.
9. Estudio las células de los animales y de las plantas.
10. Estudio el binomio de Newton.

C Los alumnos… Rewrite all the sentences from Ejercicio B, beginning with *Los alumnos…*

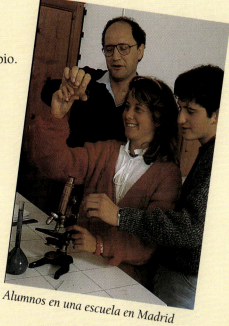
Alumnos en una escuela en Madrid

Vocabulario

SUSTANTIVOS
la familia
el padre
la madre
la mujer
la esposa
el marido
el esposo
los padres
el hijo
la hija
el abuelo
la abuela
el nieto
la nieta
el tío
la tía
el primo
la prima
el sobrino
la sobrina
el perro
el gato
la casa
el apartamento
el balcón
la entrada
la vista
el parque
el jardín
el árbol
la flor
la planta
el garaje
el coche
el carro
la bicicleta
el ciclomotor
el cumpleaños
la fiesta
el regalo

ADJETIVOS
nuevo(a)
viejo(a)
joven
bonito(a)
precioso(a)

VERBOS
tener
recibir

OTRAS PALABRAS Y EXPRESIONES
tener… años
tener que
ir a…
alrededor de

CAPÍTULO 6

CAPÍTULO 7

LOS DEPORTES DE EQUIPO

OBJETIVOS

In this chapter you will learn to do the following:

1. talk about team sports and other physical activities
2. tell what you want to do or prefer to do
3. tell what you can do
4. identify people's nationalities
5. discuss differences between football as it is played in the U.S. and in Hispanic countries
6. discuss the role of sports in Hispanic society

VOCABULARIO

PALABRAS 1

EL FÚTBOL

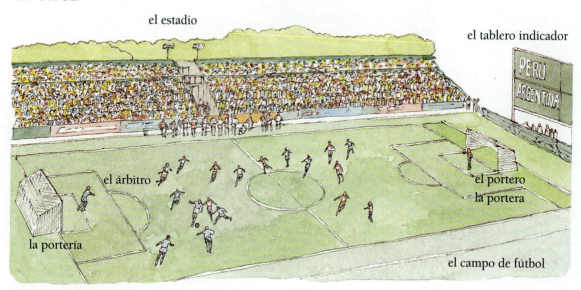

el estadio
el tablero indicador
el árbitro
el portero
la portera
la portería
el campo de fútbol

la cabeza
la mano
el equipo
el balón
el pie
el jugador

el otoño

Los jugadores juegan al fútbol en el otoño.
Un jugador lanza el balón.
Tira el balón con el pie.

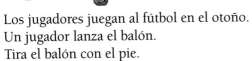
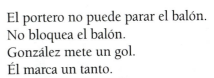

El segundo tiempo empieza.
Los dos equipos vuelven al campo.
El tanto queda empatado en cero.

El portero no puede parar el balón.
No bloquea el balón.
González mete un gol.
Él marca un tanto.

Perú gana el partido.
Argentina pierde.

Ejercicios

A Un juego de fútbol. Contesten. (*Answer.*)

1. ¿Cuántos equipos de fútbol hay en el campo de fútbol?
2. ¿Y cuántos jugadores hay en cada equipo?
3. ¿Qué tiempo empieza, el primero o el segundo?
4. ¿Vuelven los jugadores al campo cuando empieza el segundo tiempo?
5. ¿Tiene un jugador el balón?
6. ¿Lanza el balón con el pie o con la mano?
7. ¿Para el balón el portero o entra el balón en la portería?
8. ¿Mete el jugador un gol?
9. ¿Marca un tanto?
10. ¿Queda empatado el tanto?
11. ¿Quién gana, el Perú o la Argentina?
12. ¿Qué equipo pierde?

B El fútbol. Contesten según se indica. (*Answer according to the cues.*)

1. ¿Cuántos jugadores hay en el equipo de fútbol? (once)
2. ¿Cuántos tiempos hay en un partido de fútbol? (dos)
3. ¿Quién guarda la portería? (el portero)
4. ¿Cuándo mete un gol el jugador? (cuando el balón entra en la portería)
5. ¿Qué marca un jugador cuando el balón entra en la portería? (un tanto)
6. En el estadio, ¿qué indica el tanto? (el tablero indicador)
7. ¿Cuándo queda empatado el tanto? (cuando los dos equipos tienen el mismo tanto)

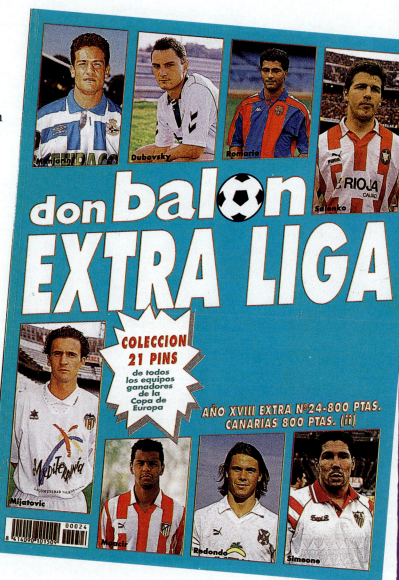

VOCABULARIO

PALABRAS 2

OTROS DEPORTES

el tablero
el aro
el cesto
el canasto
el baloncesto, el básquetbol
la cancha
driblar con el balón
encestar
meter en el cesto
pasar el balón
tirar el balón
el vólibol
la red
devolver el balón por encima de la red

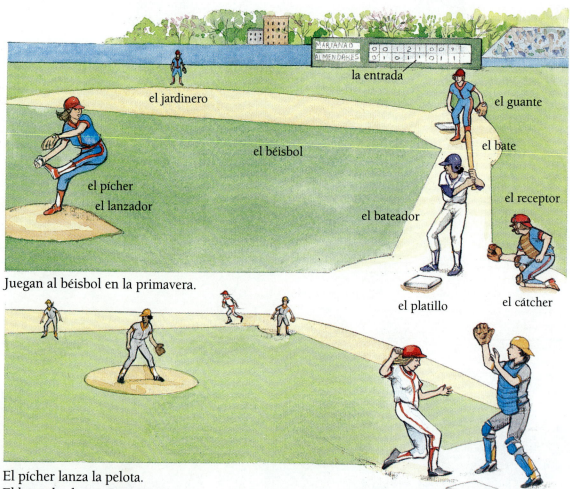

Juegan al béisbol en la primavera.

El pícher lanza la pelota.
El bateador batea. Batea un jonrón.
Corre de una base a otra.

La jugadora atrapa la pelota.
Atrapa la pelota con el guante.

El jugador puede robar una base.

Nota: Here are some English words used in Spanish.

el cátcher   el hit   el out

Ejercicios

A **El baloncesto.** Contesten. (*Answer.*)

1. ¿Es el baloncesto un deporte de equipo o un deporte individual?
2. ¿Hay cinco u once jugadores en el equipo de baloncesto?
3. Durante un partido de baloncesto, ¿los jugadores driblan con el balón o lanzan el balón con el pie?
4. ¿El jugador tira el balón en el cesto o en la portería?
5. ¿Marca un tanto cuando dribla o cuando encesta?
6. ¿El encestado (canasto) vale dos puntos o seis puntos?

B **El vólibol.** ¿Verdad o no? (*¿True or false?*)

1. El equipo de vólibol tiene seis jugadores.
2. En el vólibol los jugadores driblan con el balón.
3. El balón tiene que pasar por encima de la red.
4. El balón puede tocar la red.
5. Cuando el balón toca el suelo, los jugadores no pueden devolver el balón al campo contrario.

C **El béisbol.** Escojan la respuesta correcta. (*Choose the correct answer.*)

1. Juegan al béisbol en ___ de béisbol.
   a. un campo   b. una cancha   c. una red
2. El pícher ___ la pelota.
   a. lanza   b. encesta   c. batea
3. El receptor atrapa la pelota en ___.
   a. una red   b. un cesto   c. un guante
4. El jugador ___ de una base a otra.
   a. tira   b. devuelve   c. corre
5. En el béisbol el jugador ___ robar una base.
   a. puede   b. tiene que   c. necesita
6. En un partido de béisbol hay ___ entradas.
   a. dos   b. nueve   c. once

D **¿Qué deporte es?** Escojan. (*Choose.*)

    el fútbol   el vólibol   el baloncesto

1. El jugador lanza el balón con el pie.
2. Hay cinco jugadores en el equipo.
3. El balón no puede tocar el suelo.
4. El jugador devuelve el balón por encima de la red.
5. El portero para o bloquea el balón.
6. El jugador tira el balón y encesta.
7. Los jugadores marcan tantos.

Comunicación
Palabras 1 y 2

A **En nuestro colegio.** With a classmate make a list of all your school's teams. Ask your classmate how each team is doing. Your friend will answer. Then decide if each team is good or not. Compile a list of your school's good and bad teams.

> Estudiante 1: El equipo de béisbol, ¿gana muchos partidos o pierde muchos partidos?
> Estudiante 2: Pierde muchos partidos. No juega bien.
> Estudiante 1: ¿Es un equipo bueno o malo?
> Estudiante 2: Es un equipo malo.

B **¿Qué deporte es?** Make up a sentence about a sport. Your partner will tell you what sport it is. Reverse roles.

C **Adivina quién es.** You and your partner each write down the name of your favorite sports hero. Do not show the name to each other. Ask your partner yes or no questions until you think you can name the player. You can only try to guess the name once. If you are wrong, you lose. You also lose if you have to ask more than ten questions. Then switch, and let your partner ask you the questions.

ESTRUCTURA

El presente de los verbos con el cambio *e > ie*

Describing People's Activities

1. There are certain groups of verbs in Spanish that have a stem change in the present tense. The verbs *empezar, comenzar* "to begin," *querer* "to want," *perder* "to lose," and *preferir* "to prefer" are stem-changing verbs. Note that the *e* of the stem changes to *ie* in all forms except *nosotros* and *vosotros*. The endings are the same as those of regular verbs. Study the following chart.

INFINITIVE	EMPEZAR	QUERER	PREFERIR
yo	empiezo	quiero	prefiero
tú	empiezas	quieres	prefieres
él, ella, Ud.	empieza	quiere	prefiere
nosotros(as)	empezamos	queremos	preferimos
vosotros(as)	*empezáis*	*queréis*	*preferís*
ellos, ellas, Uds.	empiezan	quieren	prefieren

2. The verbs *empezar, comenzar, querer,* and *preferir* are often followed by an infinitive.

> **Ellos quieren ir al gimnasio.**
> **¿Por qué prefieres jugar al fútbol?**

Before an infinitive *empezar* and *comenzar* require the preposition *a*.

> **Ellos empiezan (comienzan) a jugar.**

Ejercicios

A **Queremos ganar.** Contesten. (*Answer.*)

1. ¿Empiezan Uds. a jugar?
2. ¿Empiezan Uds. a jugar a las tres?
3. ¿Quieren Uds. ganar el partido?
4. ¿Quieren Uds. marcar un tanto?
5. ¿Pierden Uds. a veces o ganan siempre?
6. ¿Prefieren Uds. jugar en el parque o en la calle?

B **El segundo tiempo empieza.** Formen oraciones según el modelo. (*Make up sentences according to the model.*)

    el segundo tiempo/empezar
    El segundo tiempo empieza.

1. los jugadores/empezar a jugar
2. los dos equipos/querer ganar
3. ellos/preferir marcar muchos tantos
4. Toral/querer meter un gol
5. el portero/querer parar el balón
6. el equipo de Toral/no perder

C **¿Eres muy deportista?** Preguntas personales. (*Give your own answers.*)

1. ¿Prefieres jugar al béisbol o al fútbol?
2. ¿Prefieres jugar con un grupo de amigos o con un equipo?
3. ¿Prefieres jugar o participar en el partido o prefieres mirar el partido?
4. ¿Prefieres ser jugador(a) o espectador(a)?
5. ¿Siempre quieres ganar?
6. ¿Pierdes a veces?

D **¿Quién va a ganar o triunfar?** Completen. (*Complete.*)

Rosita ___₁ (querer) jugar al baloncesto. Yo ___₂ (querer) jugar al béisbol. Y tú, ¿___₃ (preferir) jugar al baloncesto o ___₄ (preferir) jugar al béisbol? Si tú ___₅ (querer) jugar al béisbol, tú y yo ___₆ (ganar) y Rosita ___₇ (perder). Pero si tú ___₈ (querer) jugar al baloncesto, entonces tú y Rosita ___₉ (ganar) y yo ___₁₀ (perder).

El presente de los verbos con el cambio *o > ue*   *Describing People's Activities*

1. The verbs *volver* "to return to a place," *devolver* "to return a thing," *poder* "to be able," and *dormir* "to sleep" are also stem changing verbs. The *o* of the stem changes to *ue* in all forms except *nosotros* and *vosotros*. Study the following chart.

INFINITIVE	VOLVER	PODER	DORMIR
yo	vuelvo	puedo	duermo
tú	vuelves	puedes	duermes
él, ella, Ud.	vuelve	puede	duerme
nosotros(as)	volvemos	podemos	dormimos
vosotros(as)	volvéis	podéis	dormís
ellos, ellas, Uds.	vuelven	pueden	duermen

2. Note that the *u* in the verb *jugar* changes to *ue* in all forms except *nosotros* and *vosotros*.

JUGAR	
yo	juego
tú	juegas
él, ella, Ud.	juega
nosotros(as)	jugamos
vosotros(as)	jugáis
ellos, ellas, Uds.	juegan

Jugar is sometimes followed by *a* when a sport is mentioned. Both of the following are acceptable.

Juegan al fútbol.
Juegan fútbol.

Ejercicios

A **Un partido de béisbol.** Contesten. (*Answer.*)

1. ¿Juegan Uds. al béisbol?
2. ¿Juegan Uds. al béisbol en la primavera?
3. ¿Juegan Uds. con amigos o con el equipo de la escuela?
4. ¿Vuelven Uds. al campo después de cada entrada?
5. ¿Pueden Uds. jugar una entrada más si el partido queda empatado después de la novena entrada?
6. ¿Duermen Uds. bien después de un buen partido de béisbol?

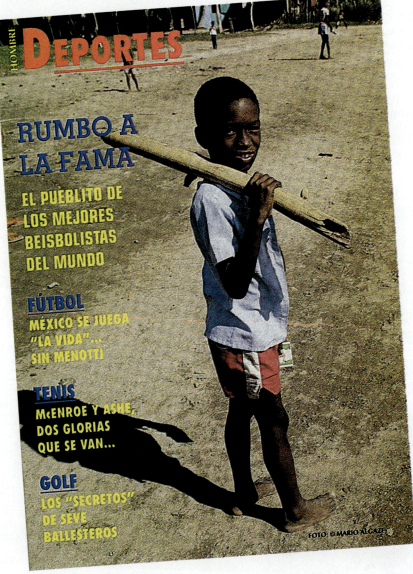

B **En la clase de español.** Contesten. (*Answer.*)

1. ¿Juegas al bingo en la clase de español?
2. ¿Juegas al loto en la clase de español?
3. ¿Puedes hablar inglés en la clase de español?
4. ¿Qué lengua puedes o tienes que hablar en la clase de español?
5. ¿Duermes en la clase de español?
6. ¿Devuelve el profesor o la profesora los exámenes pronto?

C **Sí, pero ahora no puede.** Completen. (*Complete.*)

Yo ___(1)___ (jugar) mucho al fútbol y Diana ___(2)___ (jugar) mucho también, pero ahora ella no ___(3)___ (poder).

—Diana, ¿por qué no ___(4)___ (poder) jugar ahora?

—No ___(5)___ (poder) porque ___(6)___ (querer) ir a casa.

Sí, Diana ___(7)___ (querer) ir a casa porque ella ___(8)___ (tener) un amigo que ___(9)___ (volver) hoy de Puerto Rico y ella ___(10)___ (querer) estar en casa. Pero mañana todos nosotros ___(11)___ (ir) a jugar. Y el amigo puertorriqueño de Diana ___(12)___ (poder) jugar también. Su amigo ___(13)___ (jugar) muy bien.

D **Puedo.** Tell all the things you can do.

E **Quiero.** Tell all the things you want to do.

F **Quiero y puedo.** Tell what you want to do and can do.

G **No quiero, prefiero…** Tell some things you don't want to do and tell what you prefer to do instead.

H **Quiero pero no puedo porque tengo que…** Tell what you want to do but can't do because you have to do something else.

I **No quiero y no voy a…** Tell some things you don't want to do and aren't going to do.

CAPÍTULO 7 **191**

Los adjetivos de nacionalidad — *Identifying Nationalities*

1. Adjectives of nationality that end in -*o* or -*e* follow the same pattern as any other adjective. Those that end in *o* have four forms and those that end in -*e* have two forms.

el muchacho cubano	**los muchachos cubanos**
la muchacha cubana	**las muchachas cubanas**
el muchacho nicaragüense	**los muchachos nicaragüenses**
la muchacha nicaragüense	**las muchachas nicaragüenses**

2. Adjectives of nationality that end in a consonant have four forms rather than two. Note the following.

el muchacho español	**los muchachos españoles**
la muchacha española	**las muchachas españolas**

3. Adjectives of nationality that end in -*s* or -*n* have a written accent in the masculine singular. The accent is dropped in all other forms.

francés	**franceses**
francesa	**francesas**
alemán	**alemanes**
alemana	**alemanas**

   Other common adjectives of nationality like the above are: *inglés, portugués, japonés, holandés, irlandés, finlandés.*

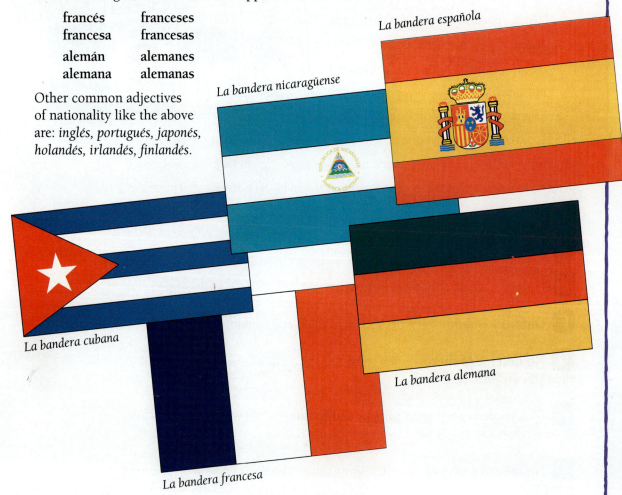

La bandera española

La bandera nicaragüense

La bandera cubana

La bandera alemana

La bandera francesa

Ejercicios

A ¿De qué nacionalidad es?
Completen. (*Complete.*)

1. Carlos es ___. (español)
2. Teresa y Carmen son ___. (mexicano)
3. Ellos son ___. (argentino)
4. Isabel es ___. (portugués)
5. Las alumnas son ___. (francés)
6. Los señores son ___. (irlandés)
7. Ella es ___. (canadiense)
8. Él es ___. (inglés)

B ¿Qué país juega contra el otro?
Sigan el modelo. (*Follow the model.*)

> El Japón vs. el Canadá
> Ah, los japoneses juegan contra los canadienses.

1. Alemania vs. España
2. Francia vs. Italia
3. Portugal vs. Inglaterra
4. Holanda vs. Irlanda

C ¿De dónde es el equipo?
Sigan el modelo. (*Follow the model.*)

> El equipo es del Perú.
> Ah, el equipo es peruano.
> ¿Son todos los jugadores peruanos?

1. El equipo es de la Argentina.
2. El equipo es de Colombia.
3. El equipo es de México.
4. El equipo es de Francia.
5. El equipo es de España.
6. El equipo es de Alemania.

DEPORTES

Futbolista argentino juega en club chileno

José Zamora, súper técnico del club porteño, Fonseca, firmó un contrato para jugar con el equipo Casa Blanca de Santiago. Zamora se destaca por sus espectaculares saltos y sus potentes cabezazos, su movilidad, el espíritu de lucha, la habilidad en carrera y su remate con la derecha. Zamora fue el delantero centro titular de la selección en los dos últimos partidos.

DEPORTES

El equipo español gana la liga europea

El pasado 30 de mayo, el Estadio fue el escenario donde el Valenciano se proclamó campeón del fútbol europeo por tercera ocasión en su historia, tras 10 años de no conseguirlo, luego de una victoria de tres goles a cero sobre los holandeses.

25 **DEPORTES**

Los americanos pueden ganar la Copa Mundial dice el entrenador

En una entrevista exclusiva para este diario el entrenador del equipo americano declaró que el equipo estadounidense aunque con poca experiencia en las arenas internacionales puede ganar el Mundial. Los americanos son un equipo joven pero con gran temple y sin miedo de pelear como locos para ganar una victoria, dijo el entrenador.

FÚTBOL

El equipo mexicano juega contra los ingleses hoy

El delantero Javier Marín piensa llevar al equipo mexicano a una victoria contra el equipo inglés en el Estadio Azteca. Marín ha sido internacional en cinco ocasiones con los Blancos y cuatro con la olímpica.

CONVERSACIÓN

Escenas de la vida *¿Qué quieres jugar?*

ANITA: ¿Prefieres el fútbol o el béisbol?
TOMÁS: Prefiero el fútbol.

ANITA: ¿Juegas al fútbol?
TOMÁS: Sí, juego, pero prefiero ser espectador y no jugador.

ANITA: ¿Tiene tu escuela un equipo bueno?
TOMÁS: Estupendo. Tenemos un equipo que no pierde.

¿Qué prefiere? Contesten según la conversación. (*Answer according to the conversation.*)

1. ¿Prefiere Tomás el fútbol o el béisbol?
2. ¿Juega al fútbol?
3. ¿Juega mucho?
4. ¿Qué prefiere ser?
5. ¿Qué opinas? ¿Va Tomás a los partidos de fútbol?
6. ¿Tiene su escuela un equipo bueno?
7. ¿Pierde muchos partidos el equipo?

Pronunciación   Las consonantes s, c, z

The consonant **s** is pronounced the same as the **s** in *sing*.

sa	se	si	so	su
sala	clase	sí	peso	su
casa	serio	simpático	sopa	Susana
saca	seis	siete	sobrino	suburbio

The consonant **c** in combination with **e** or **i** (*ce, ci*) is pronounced the same as an **s** in all areas of Latin America. In many parts of Spain, **ce** and **ci** are pronounced **th**. Likewise the pronunciation of **z** in combination with **a, o, u** (*za, zo, zu*) is pronounced the same as an **s** throughout Latin America and as a **th** in most areas of Spain.

za	ce	ci	zo	zu
cabeza	cero	cinco	zona	zumo
empieza	encesta	ciudad	almuerzo	Zúñiga

Repeat the following.

> González enseña en la sala de clase.
> El sobrino de Susana es serio y sincero.
> La ciudad tiene cinco zonas.
> Toma el almuerzo a las doce y diez en la cocina.

Zúñiga, sí encesta.

Comunicación

A **Un fanático del deporte.** A real sports fan from Santo Domingo (your partner) wants to know if you are a real fan too, and asks you the following:

1. if you prefer to play in a game or to watch
2. which sport is your favorite
3. if your school has a football team
4. if your school has a baseball team
5. if the teams are any good
6. if you play with a team

B **Una entrevista.** With a classmate prepare a TV talk show. One of you is the interviewer, the other is the "school celebrity." In the interview find out information such as follows:

qué cursos prefiere y por qué   en qué universidad quiere estudiar
qué deportes juega   qué quiere estudiar
si quiere ir a la universidad

C **Ahora y en el futuro.** Tell your partner all the things you want to do either now or in the future. He or she will do the same. Then make a list of your common interests and make up conclusions.

> Queremos ___ y vamos a ___ porque ___.

CAPÍTULO 7

LECTURA Y CULTURA

EL PERÚ CONTRA LA ARGENTINA

*E*stamos en el estadio Nacional en Lima. ¡Qué emoción! El Perú juega contra la Argentina. Quedan[1] dos minutos en el segundo tiempo. El partido está empatado en cero. ¿Qué va a pasar?[2] Toral tiene el balón. Lanza el balón con el pie izquierdo. El balón vuela[3]. El portero quiere parar el balón. ¿Puede o no? No, no puede. El balón entra en la portería. Toral mete un gol y marca un tanto. En los últimos dos minutos del partido, el equipo de Toral gana. El Perú derrota[4] a la Argentina uno a cero. Los peruanos son triunfantes, victoriosos. Y Toral es su héroe.

Pero el fútbol que juegan en el Perú y en los otros[5] países de Latinomérica y España no es el fútbol americano. El balón es redondo[6], no ovalado, y los jugadores tienen que lanzar el balón con los pies o con la cabeza. No pueden tocar el balón con las manos. El partido tiene dos tiempos, no cuatro. Sin embargo[7] hay algunas cosas que no son diferentes—el número de jugadores, por ejemplo. Hay once jugadores en cada equipo.

El fútbol es un deporte muy popular en todos los países hispanos. Pero el béisbol es popular en relativamente pocos países. ¿Dónde tiene o goza de popularidad el béisbol? En Cuba, en Puerto Rico, en la República Dominicana, en Venezuela, en Nicaragua, en México y en Panamá. Como el béisbol es un deporte norte-americano, la mayoría del vocabulario del béisbol es inglés—la base, el pícher, el hit, el out.

[1] quedan *remain*
[2] pasar *happen*
[3] vuela *flies*
[4] derrota *defeats*
[5] otros *others*
[6] redondo *round*
[7] sin embargo *nevertheless*

Estudio de palabras

A Definiciones. Escojan la palabra equivalente. (*Choose an equivalent term.*)

1. la mayoría
2. el vocabulario
3. lanzar
4. redondo
5. triunfante
6. el jugador
7. parar

a. victorioso
b. tirar
c. de forma circular
d. la mayor parte
e. el miembro del equipo
f. las palabras
g. no permitir pasar, bloquear

B **Lo contrario.** Escojan lo contrario. (*Choose the opposite.*)

1. la mayoría
2. contra
3. izquierdo
4. gana
5. redondo
6. últimos

a. primeros
b. derecho
c. pro
d. pierde
e. la minoría
f. ovalado

Comprensión

A **¿Dónde?** Contesten. (*Answer.*)

1. ¿A qué juegan los dos equipos?
2. ¿Cuántos minutos quedan en el segundo tiempo?
3. ¿Quién lanza el balón?
4. ¿Cómo lanza el balón?
5. ¿Puede parar el balón el portero?
6. ¿Qué mete Toral?
7. ¿Qué marca?
8. ¿Qué equipo es victorioso?

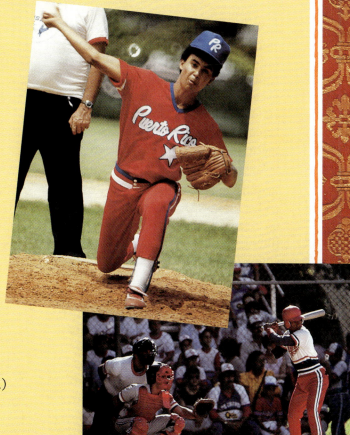

B **Los deportes.** Escojan. (*Choose.*)

1. ¿Dónde es popular el fútbol?
   a. No es un deporte popular.
   b. En todos los países hispanos.
   c. Solamente en los Estados Unidos.
2. ¿Es el fútbol como el fútbol norteamericano?
   a. No. Hay solamente once jugadores en el equipo.
   b. No. Los jugadores tienen que lanzar el balón.
   c. No. Los jugadores no pueden tocar el balón con las manos.
3. ¿Es popular el béisbol en los países latinoamericanos?
   a. Sí en todos.
   b. No. Solamente los norteamericanos juegan al béisbol.
   c. Sí, pero solamente en algunos países.

C **Datos.** Contesten. (*Answer.*)

1. el número de jugadores en un equipo de fútbol
2. el número de tiempos en un juego de fútbol
3. los países latinoamericanos donde es popular el béisbol

DESCUBRIMIENTO CULTURAL

Los deportes son populares en Latinoamérica y en España—sobre todo el fútbol. Las grandes ciudades tienen su equipo y los países tienen un equipo nacional. Los equipos nacionales juegan en los campeonatos internacionales. La competencia entre los países es muy fuerte. Todos los equipos quieren ganar la Copa Mundial[1].

Pero hay una cosa interesante. Aquí en los Estados Unidos, casi todas las escuelas tienen su equipo de béisbol, de fútbol, de baloncesto, etc. Hay mucha competencia entre una escuela y otra. Todos los viernes o sábados en el otoño hay un partido de fútbol entre dos escuelas y mucha gente va a ver el partido. Pero en Latinoamérica y España, la mayoría de las escuelas no tienen equipos deportivos. Los muchachos juegan al fútbol, al vólibol, etc., pero no en equipos que compiten con otras escuelas. El objetivo de las escuelas es mayormente académico—la enseñanza y el aprendizaje.

Y AQUÍ EN LOS ESTADOS UNIDOS

El béisbol es muy popular en el Caribe, México, Centroamérica y Venezuela. Algunos de los jugadores más famosos en las Grandes Ligas son hispanos. Adolfo Luque, cubano, es uno de los pícheres de los Rojos de Cincinnati contra los Medias Blancas de Chicago en la Serie Mundial de 1919. Entre 1919 y 1993 más de cien jugadores latinos se presentan en la Serie Mundial; 32 puertorriqueños, 28 dominicanos, 22 cubanos, 10 venezolanos,

PROGRAMA DE LA COPA MUNDIAL FIFA 1994
SEDE POR SEDE

BOSTON
Estadio Foxboro
Junio 21	Primera ronda
Junio 23	Primera ronda
Junio 25	Primera ronda
Junio 30	Primera ronda
Julio 5	Ronda de los 16
Julio 9	Cuartos de final

CHICAGO
Soldier Field
Junio 17	Primera ronda (CEREMONIAS DE APERTURA)
Junio 21	Primera ronda
Junio 26	Primera ronda
Junio 27	Primera ronda
Julio 2	Ronda de los 16

DALLAS
Cotton Bowl
Junio 17	Primera ronda
Junio 21	Primera ronda
Junio 27	Primera ronda
Junio 30	Primera ronda
Julio 3	Ronda de los 16
Julio 9	Cuartos de final

DETROIT
Silverdome
Junio 18	Primera ronda
Junio 22	Primera ronda
Junio 24	Primera ronda

NUEVA YORK/NEW JERSEY
Estadio Giants
Junio 18	Primera ronda
Junio 23	Primera ronda
Junio 25	Primera ronda
Junio 28	Primera ronda
Julio 5	Ronda de los 16
Julio 10	Cuartos de final
Julio 13	Semifinal

ORLANDO
Citrus Bowl
Junio 19	Primera ronda
Junio 24	Primera ronda
Junio 25	Primera ronda
Junio 29	Primera ronda
Julio 4	Ronda de los 16

SAN FRANCISCO
Stanford
Junio 20	Primera ronda
Junio 24	Primera ronda
Junio 26	Primera ronda
Junio 28	Primera ronda
Julio 4	Ronda de los 16
Julio 10	Cuartos de final

WASHINGTON D.C.
Estadio RFK
Junio 19	Primera ronda
Junio 20	Primera ronda

WorldCupUSA94

Línea de Información
Llame para información sobre los juegos y eventos.

310-277-9494

8 panameños, 7 mexicanos y 2 nicaragüenses. Algunos nombres de jugadores latinos forman parte de la historia del béisbol americano, nombres como Orlando Cepeda, Tony Pérez, José Canseco, Juan Marichal, Fernando Valenzuela, Luis Aparicio, "Sandy" Alomar, Benito Santiago y Roberto Clemente.

[1] la Copa Mundial   *World Cup*

Fernando Valenzuela

Orlando Cepeda

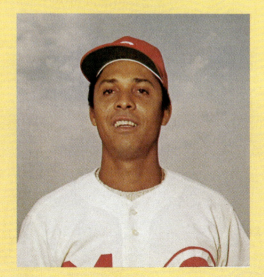
Tony Pérez

REALIDADES

Es un juego de fútbol en el Estadio Azteca de la Ciudad de México **1**. El fútbol es muy popular en México y en otros países.

Es un artículo de la sección de deportes del periódico español ABC **2**. ¿Puedes leer el artículo?

Es Jorge Campos, un jugador de fútbol méxicano **3**. Aquí él juega contra el equipo canadiense en un partido de la Copa Mundial. ¿Juegas tú al fútbol?

Son los jugadores del equipo de fútbol Club Barcelona **4**. Casi todas las ciudades grandes de España tienen un equipo de fútbol.

DEPORTES
28 DE OCTUBRE

El Barcelona pierde ante el Unicaja su imbatibilidad en la Liga de baloncesto

El Estudiante es el único equipo que continúa invicto

Madrid. **S. D.**

Lo más destacable de la octava jornada de la Liga ACB es que el Barcelona ha perdido su calidad de invicto al caer ante el Unicaja por 91-93. El único equipo que continúa imbatido, despúes de su victoria ante el Argal Huesca por 83-00 es el Estudiantes. El Real Madrid por su parte solventó sin dema... su compromiso liguero ante el Juver (95-84) impuso al TDK por un aplasta...

CULMINACIÓN

Comunicación oral

A **¿Qué tipo eres?** With a classmate make up a list of fun things to do. Decide if each is a sport or party activity. List them in order starting with your favorite. Then decide if you are a party type or a sports type.

B **Los atletas.** You will pretend to be a famous athlete and two classmates will try to guess who you are. They will ask you questions about what, where, and when you play, your other activities, your family, and your personality. All three of you take turns asking and answering questions.

Comunicación escrita

A **Y aquí los deportes.** Write a brief article for the sports page of a paper about a football game between two Latin American countries.

B **Un juego de béisbol.** Write a paragraph about a baseball game using the following expressions.

    el pícher/lanzar o tirar la pelota
    el bateador Gómez/batear la pelota, tomar tres bases, correr a tercera
    el bateador Salas/pegar un fly
    el jardinero/atrapar la pelota
    Salas/estar out
    el receptor/tirar la pelota al pícher
    Gómez/robar una base, llegar al platillo, batear otra vez, batear un jonrón, anotar una carrera

C **Mi deporte favorito.** Write a paragraph about your favorite team sport. First, tell why it is your favorite sport. Then describe the game. Tell how many players are on a team and what each player (or position) has to do. Tell how you win the game. Finally, include whether you prefer to play the sport, watch it, or both.

Reintegración

A **Mi familia.** Contesten. (*Answer.*)

1. ¿Tienes una familia grande?
2. ¿Dónde vive tu familia?
3. ¿Cuántas personas hay en tu familia?
4. ¿Cuántos hermanos tienes?
5. ¿Cuántos años tienen?
6. Y tú, ¿cuántos años tienes?
7. ¿A qué escuela vas?
8. Tus hermanos y tú, ¿van Uds. a la misma escuela?
9. ¿Cómo van a la escuela?
10. ¿A qué hora llegan Uds. a la escuela?

B **¿Quién es?** Identifiquen. (*Identify.*)

1. la hermana de mi padre
2. la hija de mi tío
3. el padre de mi padre
4. el hijo de mi hermano
5. el hermano de mi madre

Vocabulario

SUSTANTIVOS
el fútbol
el campo de fútbol
el estadio
el partido
el tiempo
el tanto
el gol
el tablero indicador
el equipo
el jugador
la jugadora
el/la espectador(a)
el portero
la portera
el árbitro
la árbitra
la portería
el balón
la cabeza
la mano
el pie

el baloncesto
el básquetbol
el cesto
el canasto
el tablero
el aro
el vólibol
la cancha
la red
el suelo
el béisbol
la base
el platillo
el hit
el out
el jonrón
la pelota
la entrada
el pícher
el lanzador
el receptor
el cátcher

el/la bateador(a)
el jardinero
el guante
la pelota

el otoño
la primavera

ADJETIVOS
individual
contrario
empatado

VERBOS
tirar
lanzar
parar
pasar
driblar
encestar
bloquear
atrapar
batear
tocar

robar
marcar
ganar
meter
correr
empezar (ie)
comenzar (ie)
querer (ie)
perder (ie)
preferir (ie)
jugar (ue)
poder (ue)
volver (ue)
devolver (ue)
dormir (ue)

OTRAS PALABRAS Y EXPRESIONES
por encima
de equipo
quedar empatado

CAPÍTULO 7

CAPÍTULO

8

UN VIAJE EN AVIÓN

OBJETIVOS

In this chapter you will learn to do the following:

1. check in for a flight
2. talk about some services on board the plane
3. get through the airport after deplaning
4. describe travel-related activities
5. tell what you or others are presently doing
6. discuss the importance of air travel in South America

VOCABULARIO

PALABRAS 1

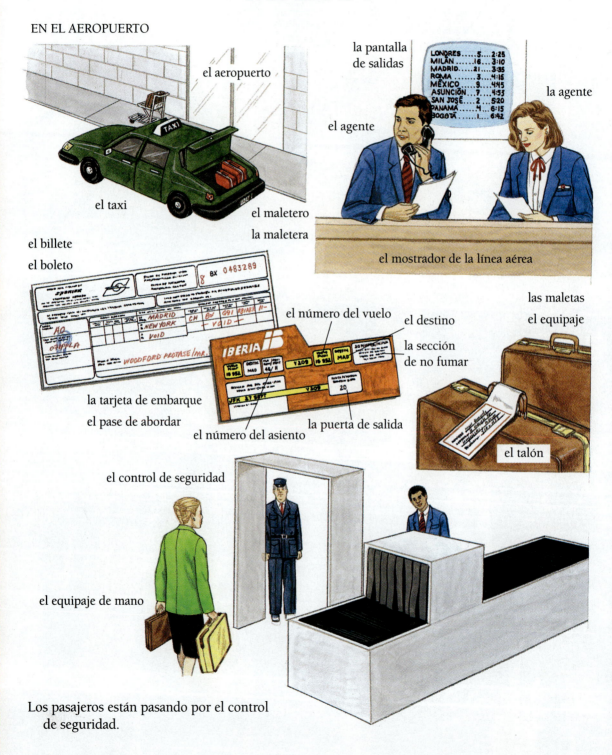

EN EL AEROPUERTO

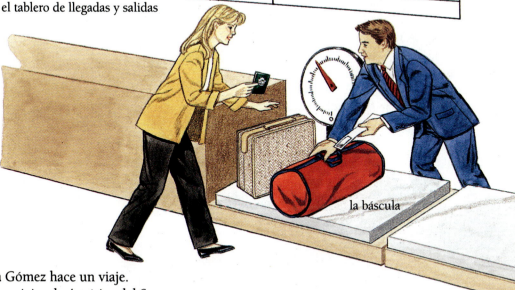

el tablero de llegadas y salidas

la báscula

Clarita Gómez hace un viaje.
Hace un viaje a la América del Sur.
Va a Bogotá.
Hace el viaje en avión.
En este momento Clarita está facturando su equipaje.
Pone sus maletas en la báscula.

El avión va a salir de la puerta número cinco.
El vuelo sale a tiempo. No sale tarde.

Están subiendo al avión.

CAPÍTULO 8

Ejercicios

A En el aeropuerto. Contesten. (*Answer.*)

1. ¿Hace Clarita un viaje a la América del Sur?
2. En este momento, ¿está en el aeropuerto?
3. ¿Está hablando con el agente de la línea aérea?
4. ¿Dónde pone sus maletas?
5. ¿Está facturando su equipaje a Bogotá?
6. ¿Pone el agente un talón en cada maleta?
7. ¿Revisa el agente su boleto?
8. ¿Tiene Clarita su tarjeta de embarque?
9. ¿De qué puerta va a salir su vuelo?

B El billete. Den la información siguiente. (*Give the following information.*)

1. nombre de la línea aérea
2. número del vuelo
3. destino del vuelo
4. aeropuerto de salida
5. hora de salida
6. fecha del vuelo

Santafé de Bogotá, la capital de Colombia

C El asiento. Contesten según la tarjeta. (*Answer according to the boarding pass.*)

1. ¿Cuál es la letra del asiento que tiene el pasajero?
2. ¿En qué fila está el asiento?
3. ¿A qué hora es la salida?
4. ¿Tiene que conservar el pasajero la tarjeta durante el viaje?
5. ¿Está su asiento en la sección de fumar o de no fumar?

D Antes de la salida. Escojan. (*Choose.*)

1. ___ indica el asiento que tiene el pasajero a bordo del avión.
   a. El talón   b. La tarjeta de embarque   c. El boleto
2. Bogotá es ___ del vuelo.
   a. el embarque   b. la ciudad   c. el destino
3. Inspeccionan el equipaje de los pasajeros en ___.
   a. el mostrador de la línea aérea   b. el control de seguridad   c. la puerta de salida
4. El vuelo para Bogotá sale ___ número cinco.
   a. del mostrador   b. del control   c. de la puerta
5. Los pasajeros están ___ el avión.
   a. saliendo   b. facturando   c. abordando

CAPÍTULO 8

VOCABULARIO

PALABRAS 2

EN EL AVIÓN

la tripulación

el asistente de vuelo   la copiloto   el comandante   la asistenta de vuelo
el piloto

el control de pasaportes

el reclamo de equipaje

Los pasajeros están reclamando (recogiendo) su equipaje.

la aduana

la ropa

Está abriendo las maletas.
La agente de aduana está inspeccionando el equipaje.

Un avión está despegando.   Otro avión está aterrizando.

Ejercicios

A La llegada. Contesten. (*Answer.*)

1. Cuando el avión aterriza, ¿abordan o desembarcan los pasajeros?
2. ¿Tienen que pasar por el control de pasaportes cuando llegan a un país extranjero?
3. ¿Van los pasajeros al reclamo de equipaje?
4. ¿Reclaman su equipaje?
5. ¿Tienen que pasar por la aduana?
6. ¿Abre el agente las maletas?

B ¿Sí o no? ¿Verdad o no? (*True or false?*)

1. El avión aterriza cuando sale.
2. El avión despega cuando llega a su destino.
3. Los agentes de la línea aérea que trabajan en el mostrador en el aeropuerto son miembros de la tripulación.
4. Los asistentes de vuelo y el comandante son miembros de la tripulación.
5. La tripulación consiste en los empleados que trabajan a bordo del avión.

C Pareo. Busquen una palabra relacionada. (*Match the verb with its noun form.*)

1. asistir
2. controlar
3. reclamar
4. inspeccionar
5. despegar
6. aterrizar
7. salir
8. llegar
9. embarcar
10. volar

a. la llegada
b. la salida
c. el asistente, la asistenta
d. el despegue
e. el aterrizaje
f. el control
g. la inspección
h. el reclamo
i. el vuelo
j. el embarque

Comunicación
Palabras 1 y 2

A **En el mostrador.** You are speaking with an airline agent (your partner) at the airline counter at the airport. Answer the agent's questions.

1. ¿Adónde va Ud.?
2. ¿Tiene Ud. su boleto?
3. ¿Cuántas maletas tiene Ud.?
4. ¿Tiene Ud. equipaje de mano?
5. ¿Prefiere Ud. un asiento en la sección de no fumar o en la sección de fumar?

B **En el aeropuerto.** You and your classmate make up a list of things passengers must do at an airport. Combine your lists and put the activities in a logical order.

C **La agente.** You are an agent at an airline check-in counter. Your partner is a Spanish-speaking passenger buying a ticket at the last minute. Develop a conversation using the following words.

> boleto   clase
> pasaporte   maletas
> equipaje de mano asiento
> puerta de salida

ESTRUCTURA

El presente de los verbos *hacer, poner, traer, salir* y *venir*
Describing People's Activities

1. The verbs *hacer, poner, traer* "to bring", and *salir* have an irregular *yo* form. The *yo* has a *g*. Note that the endings are the same as those of regular *-er* and *-ir* verbs.

INFINITIVE	HACER	PONER	TRAER	SALIR
yo	hago	pongo	traigo	salgo
tú	haces	pones	traes	sales
él, ella, Ud.	hace	pone	trae	sale
nosotros(as)	hacemos	ponemos	traemos	salimos
vosotros(as)	*hacéis*	*ponéis*	*traéis*	*salís*
ellos, ellas, Uds.	hacen	ponen	traen	salen

2. The verb *venir* also has an irregular *yo* form. Note that in addition it has a stem change *e > ie* in all forms except *nosotros* and *vosotros*.

VENIR	
yo	vengo
tú	vienes
él, ella, Ud.	viene
nosotros(as)	venimos
vosotros(as)	*venís*
ellos, ellas, Uds.	vienen

3. The verb *hacer* means "to do" or "to make."

Hago un sándwich.	I'm making a sandwich.
¿Qué haces?	What are you doing?

Note that the question *¿Qué haces?* or *¿Qué hace Ud.?* means "What are you doing?" or "What do you do?" In Spanish, you will almost always answer questions with a completely different verb.

¿Qué haces?	Trabajo en el aeropuerto.
¿Qué hace Teresa?	Mira la pantalla de salidas.

4. The verb *hacer* is also used in many idiomatic expressions. An idiomatic expression is one that does not translate directly from one language to another. The expression *hacer un viaje* is an idiomatic expression because in Spanish the verb *hacer* is used whereas in English we use the verb "to take." Another idiomatic expression is *hacer la maleta* which means to pack a suitcase or *poner la ropa en la maleta*.

Ejercicios

A **Hago un viaje en avión.** Contesten. (*Answer.*)

1. ¿Haces un viaje?
2. ¿Haces un viaje a la América del Sur?
3. ¿Haces el viaje a Bogotá?
4. ¿Sales para el aeropuerto?
5. ¿Sales en coche o en taxi?
6. ¿Traes equipaje?
7. ¿Pones el equipaje en la maletera del taxi?
8. En el aeropuerto, ¿pones el equipaje en la báscula?
9. ¿En qué vuelo sales?
10. ¿Sales de la puerta de embarque número ocho?

B **Ellos y nosotros también.**
Sigan el modelo. (*Follow the model.*)

> Ellos hacen un viaje…
> *Ellos hacen un viaje y nosotros también hacemos un viaje.*

1. Ellos hacen un viaje en avión.
2. Ellos salen para el aeropuerto.
3. Ellos salen en taxi.
4. Ellos traen mucho equipaje.
5. Ellos ponen las maletas en la maletera del taxi.
6. Ellos salen a las seis.

Una calle en Santafé de Bogotá, Colombia

CAPÍTULO 8

C ¿Qué hace Ud.? Prepáren una conversación. (*Make up a conversation.*)

—¿Qué hace Ud.?
—Yo miro mi boleto.

1.

2.

3.

4.

5.

D Un viaje a Marbella. Completen. (*Complete.*)

Yo ___ (hacer) un viaje a Marbella. Marbella ___ (estar) en la Costa del Sol en
   1   2
el sur de España. Mi amiga Sandra ___ (hacer) el viaje también. Nosotros(as)
                                    3
___ (hacer) el viaje en avión hasta Málaga y luego ___ (ir) a tomar el autobús
 4   5
a Marbella.

—¡Dios mío, Sandra! Pero tú ___ (traer) mucho equipaje.
                              6
—No (yo) no ___ (traer) mucho. ___ (tener) sólo dos maletas. Tú exageras.
             7   8
—¡Oye! ¿A qué hora ___ (salir) nuestro vuelo?
                    9
—No ___ (salir) hasta las seis y media. Nosotros(as) ___ (tener) mucho
     10   11
   tiempo.

E **¿De dónde vienes, amigo?** Completen. (*Complete.*)

ENRIQUE: ¡Hola Carlos! ¿De dónde ___ (venir) tú?
                                               1

CARLOS: ___ (venir) de mi trabajo.
          2

ENRIQUE: ¿Tus amigos ___ (venir) de San Francisco hoy?
                         3

CARLOS: No, no ___ (venir) hoy. ___ (venir) mañana.
                4   5

ENRIQUE: Entonces, ¿por qué no ___ (venir) (tú) con
                                     6
         nosotros? Vamos a un partido de fútbol.

CARLOS: Gracias pero no ___ (poder). ___ (tener) que
                        7   8
        ir a casa.

ENRIQUE: ¿Por qué ___ (tener) que ir a casa si tus amigos
                  9
         no ___ (venir) hasta mañana?
            10

CARLOS: Porque yo ___ (tener) un montón de (muchas)
                  11
        cosas que hacer.

El puente Golden Gate, San Francisco, California

El presente progresivo *Describing an Action in Progress*

1. The present progressive is used in Spanish to express an action that is presently going on, an action that is in progress. The present progressive is formed by using the present tense of the verb *estar* and the present participle. To form the present participle of most verbs you drop the ending of the infinitive and add *-ando* to the stem of *-ar* verbs and *-iendo* to the stem of *-er* and *-ir* verbs. Study the following forms of the present participle.

INFINITIVE	HABLAR	LLEGAR	COMER	HACER	SALIR
STEM PARTICIPLE	habl- hablando	lleg- llegando	com- comiendo	hac- haciendo	sal- saliendo

2. Note that the verbs *leer* and *traer* have a *y* in the present participle.

   leyendo   trayendo

3. Study the following examples of the present progressive.

   ¿Qué está haciendo Elena?
   En este momento está esperando el avión.
   Ella está mirando y leyendo su tarjeta de embarque.
   Y yo estoy buscando mi boleto.

Ejercicios

A ¿Qué están haciendo en el aeropuerto? Contesten según se indica. (*Answer according to the cues.*)

1. ¿Adónde están llegando los pasajeros? (al aeropuerto)
2. ¿Cómo están llegando? (en taxi)
3. ¿Adónde están viajando? (a Europa)
4. ¿Cómo están haciendo el viaje? (en avión)
5. ¿Dónde están facturando el equipaje? (en el mostrador de la línea aérea)
6. ¿Qué está revisando la agente? (los boletos y los pasaportes)
7. ¿De qué puerta están saliendo los pasajeros para Madrid? (número siete)
8. ¿Qué están abordando? (el avión)

B Yo (no) estoy… Formen oraciones. (*Make up a sentence telling whether you are or are not doing each of the following.*)

1. comer
2. hablar
3. estudiar
4. bailar
5. escribir
6. aprender
7. trabajar
8. hacer un viaje
9. leer
10. salir para España

C ¿Qué están haciendo ahora? Digan lo que están haciendo. (*Tell what the following members of your family or friends are doing now.*)

1. Mi madre
2. Mi padre
3. Mis primos
4. Mis hermanos
5. Yo
6. Mis amigos
7. Mi novio(a) y yo

CAPÍTULO 8

CONVERSACIÓN

Escenas de la vida   *Está saliendo nuestro vuelo*

Señores pasajeros. Su atención, por favor. La compañía de aviación anuncia la salida de su vuelo ciento seis con destino a Santiago de Chile. Embarque inmediato por la puerta de salida número seis.

ROBERTO: ¡Chist! Están anunciando la salida de nuestro vuelo.
MARTA: Sí, sí. ¡Pero Dios mío! ¿Dónde está Andrés?
ROBERTO: Llega tarde como siempre. Todavía está facturando su equipaje.

MARTA: Hablando de equipaje ¿tienes los talones para nuestras maletas?
ROBERTO: Sí, sí. Aquí están.

MARTA: ¿De qué puerta sale nuestro vuelo?
ROBERTO: De la puerta número seis. Primero tenemos que pasar por el control de seguridad.
MARTA: ¡Vamos ya! No voy a esperar a Andrés. Él puede perder el vuelo si quiere. Pero yo no.

A **El vuelo sale.** Den algunos informes. (*Based on the conversation say something about each of the following.*)

1. el vuelo 106
2. la puerta 6
3. Andrés
4. los talones
5. el control de seguridad
6. Santiago de Chile

B **El pobre Andrés.** Contesten. (*Answer.*)

1. ¿Andrés está en la puerta de salida?
2. ¿Qué está haciendo?
3. ¿Qué va a perder?
4. ¿Qué significa *perder*?

Pronunciación La consonante c

You have already learned that **c** in combination with **e** or **i** (*ce, ci*) is pronounced like an **s**. The consonant **c** in combination with **a, o, u** (*ca, co, cu*) has a hard **k** sound. Repeat the following.

ca	co	cu
casa	come	cubano
cabeza	cocina	báscula
saca	comandante	película

Since **ce, ci** have the soft **s** sound, **c** changes to **qu** when it combines with **e** or **i** (*que, qui*) in order to maintain the hard **k** sound.

que	qui
que	aquí
parque	química
embarque	equipaje
pequeño	equipo

Pone el equipaje en la báscula.

Repeat the following sentences.

Carmen come una comida cubana en casa.
¿Quién come una comida pequeña aquí en el parque pequeño?
El equipo pone su equipaje aquí en la báscula.

Comunicación

A **¿Dónde está mi equipaje?** You have just arrived in Madrid but your two suitcases did not make it. Your partner is the agent for missing baggage. You have to file a lost baggage report. The agent needs to know the following information.

1. the number of suitcases that are missing
2. a description of the suitcases
3. the flight number
4. your baggage tickets
5. your address in Madrid
6. the time at which suitcases can be sent to your home tomorrow

B **¿A qué hora sale?** You are a passenger at the airport and your partner is an agent. In the following conversation, ask the time and gate number for each flight. Your partner will answer by using the cues. Reverse roles.

vuelo 202/14:00/puerta #21
Estudiante 1: ¿A qué hora sale el vuelo dos cero dos?
Estudiante 2: Sale a las dos de la tarde.
Estudiante 1: ¿De qué puerta sale?
Estudiante 2: Sale de la puerta número veinte y uno.

1. vuelo 18/17:00/puerta #3
2. vuelo 156/10:00/puerta #11
3. vuelo 99/8:00/puerta #15
4. vuelo 7/21:30/puerta #8

LECTURA Y CULTURA

EL AVIÓN EN LA AMÉRICA DEL SUR

El avión es un medio de transporte muy importante en la América del Sur. ¿Por qué? Pues vamos a mirar un mapa del continente sudamericano. Si en este momento están mirando el mapa, van a ver que el continente sudamericano es inmenso. Por consiguiente[1], toma mucho tiempo viajar de una ciudad a otra, sobre todo por tierra[2]. Y en la mayoría de los casos es imposible viajar de un lugar a otro por tierra. ¿Por qué? Porque es imposible cruzar[3] los picos de los Andes o las junglas de la selva tropical del río Amazonas. Por eso, a todas horas del día y de la noche, los aviones de muchas líneas aéreas están sobrevolando[4] el continente. Hay vuelos nacionales (de cabotaje) que enlazan (comunican) una ciudad con otra en el mismo país. Y hay vuelos internacionales que enlazan un país con otro.

Los vuelos entre los Estados Unidos y Europa son largos[5], ¿no? El Atlántico es un océano grande. Pero los vuelos dentro de la América del Sur pueden ser muy largos también. Vamos a comparar. En este momento Linda Conover está abordando un jet en el aeropuerto de John F. Kennedy en Nueva York para ir a Madrid. Es un vuelo sin escala[6] y después de siete horas, el avión va a estar aterrizando en el aeropuerto de Barajas en Madrid.

A la misma hora, José Dávila está saliendo de Caracas, Venezuela con destino a Buenos Aires, Argentina. Está haciendo un vuelo sin escala también. ¿Y cuánto tiempo va a estar volando José? Un poco menos de siete horas. Como ven Uds. hay muy poca diferencia. No es difícil comprender que debido a las largas distancias y la tierra inhóspita[7], el avión es un medio de transporte tan importante en el continente sudamericano.

[1] por consiguiente   *consequently*
[2] tierra   *land*
[3] cruzar   *to cross*
[4] sobrevolando   *flying over*
[5] largo   *long*
[6] sin escala   *non-stop*
[7] inhóspita   *inhospitable*

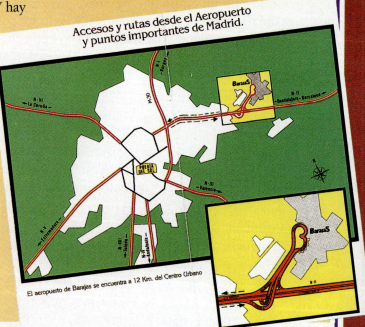

Accesos y rutas desde el Aeropuerto y puntos importantes de Madrid.

El aeropuerto de Barajas se encuentra a 12 Km. del Centro Urbano

Estudio de palabras

A **Palabras afines.** Busquen doce palabras afines en la lectura. (*Find twelve cognates in the reading.*)

B **Algunos términos geográficos.** Den la palabra. (*Give the word defined.*)

1. una población grande donde vive mucha gente y donde hay industria y comercio
2. una gran extensión de tierra—Europa, Sudamérica, Norteamérica, Asia, África, Australia, Antártida
3. una zona o selva tropical donde hay mucha vegetación, una vegetación muy densa
4. una corriente de agua considerable que desemboca en el mar—el Misisipí, el Amazonas, el Orinoco
5. elevaciones considerables de tierra—los Andes, los Pirineos

El río Amazonas

Comprensión

A **Informes.** Busquen la siguiente información. (*Find the following information in the reading.*)

1. el nombre de un océano
2. el nombre de una cadena de montañas
3. el nombre de un país
4. el nombre de una ciudad
5. el nombre de un río
6. duración del vuelo entre Nueva York y Madrid
7. duración del vuelo entre Caracas y Buenos Aires

B **Análisis.** Contesten. (*Answer.*)

1. ¿Por qué es el avión un medio de transporte importante en la América del Sur?
2. ¿Por qué es imposible viajar por tierra de una ciudad a otra en muchas partes de la América del Sur?

C **Un problema.** Contesten. (*Answer.*)

Vamos a solucionar o resolver un problema. Cuando es el mediodía en Nueva York son las seis de la tarde en Madrid. El huso horario es de seis horas. Linda Conover sale de Nueva York para Madrid en un vuelo sin escala. La duración del vuelo es de siete horas con cinco minutos. Linda sale de Nueva York a las ocho y media de la noche. ¿A qué hora va a llegar a Madrid, hora local?

DESCUBRIMIENTO CULTURAL

Un vuelo muy interesante en la América Central es el vuelo de la ciudad de Guatemala a Tikal. Es un vuelo corto[1] que los pasajeros hacen en una avioneta de dos motores, no en un jet. ¿Por qué es interesante? Pues Tikal está en una selva tropical muy densa. Y en la selva, entre una vegetación densa de árboles y plantas exóticas están las famosas ruinas de los templos de los mayas. Muchos años antes de la llegada de los españoles los mayas tienen una civilización muy avanzada en las áreas que hoy son la península de Yucatán en México, Guatemala, Honduras y El Salvador.

Otro vuelo impresionante y espectacular es el vuelo de Lima a Iquitos en el Perú. El vuelo sale del aeropuerto internacional de Lima, Jorge Chávez, cerca del océano Pacífico. Sube rápido para poder cruzar en seguida los Andes. Los pasajeros miran con asombro los picos y valles de los Andes. A veces el avión brinca bastante porque en las zonas montañosas hay mucha turbulencia. Después de una hora de vuelo los picos andinos desaparecen[2] y aparece la selva tropical amazónica. Iquitos es un puerto del río Amazonas. Está en el Perú cerca de la frontera con el Brasil.

Y otro viaje para los aventureros. El vuelo de Buenos Aires a Ushuaia en la Argentina. Ushuaia está al sur de la Patagonia en la Tierra del Fuego. Es la ciudad más austral (al sur) del mundo entero. A causa de los vientos antárticos, el aterrizaje en Ushuaia puede ser muy turbulento. Cerca del pueblo hay un glaciar gigantesco y durante el aterrizaje el avión tiene que descender rápidamente.

[1] corto *short*
[2] desaparecen *disappear*

Ruinas mayas en Tikal, Guatemala

Glaciar cerca de la ciudad de Ushuaia

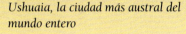
Ushuaia, la ciudad más austral del mundo entero

Y AQUÍ EN LOS ESTADOS UNIDOS

Día y noche los aviones están despegando y aterrizando en los aeropuertos internacionales de Miami, Houston y Los Ángeles. Aeroméxico, LanChile, Viasa, Aerolíneas Argentinas, LACSA, SAHSA y TACA y tantas compañías más, sin contar las compañías norteamericanas, conectan estos aeropuertos con las capitales de la América Central y Sudamérica. Los agentes de mostrador y los asistentes de vuelo son, casi todos, bilingües. Hablan inglés y español para poder servir a todos sus clientes. Y todos los pilotos comerciales en el mundo tienen que comprender y hablar inglés. Es porque el idioma de la aviación internacional es el inglés. En todas las torres de control[3], en todas partes del mundo, los controladores de tráfico aéreo[4] dan sus instrucciones a los vuelos internacionales en inglés. Es obvio que la comunicación clara y precisa entre controladores y pilotos es de máxima importancia.

[3] torres de control *control towers*
[4] controladores de tráfico aéreo *air traffic controllers*

Iquitos, Perú

CAPÍTULO 8

REALIDADES

Es la selva amazónica cerca de Iquitos, Perú **1**. ¿Te gusta el lugar?

Es el menú de Viasa, una aerolínea venezolana **2**. ¿Qué quieres comer?

Es un billete de exceso de equipaje **3**. ¿Cuántas maletas quiere llevar el pasajero?

Aquí puedes ver los picos de los Andes **4**. ¿Dónde están estas montañas?

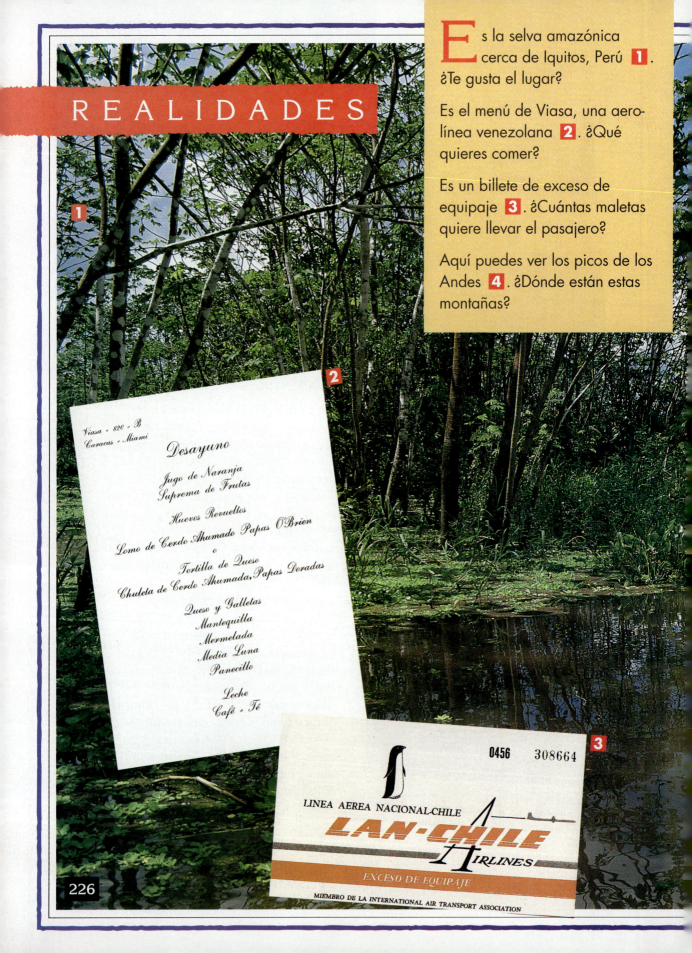

Viasa - 820 - B
Caracas - Miami

Desayuno

Jugo de Naranja
Suprema de Frutas

Huevos Revueltos
Lomo de Cerdo Ahumado Papas O'Brien
o
Tortilla de Queso
Chuleta de Cerdo Ahumada, Papas Doradas

Queso y Galletas
Mantequilla
Mermelada
Media Luna
Panecillo

Leche
Café - Té

0456   308664

LINEA AEREA NACIONAL-CHILE
LAN-CHILE
AIRLINES
EXCESO DE EQUIPAJE
MIEMBRO DE LA INTERNATIONAL AIR TRANSPORT ASSOCIATION

4

227

CULMINACIÓN

Comunicación oral

A **Una conferencia importante.** You and your partner have to leave in three weeks for an important conference in Barcelona. First make a list of all the things you have to do in preparation for the trip. Then make a list of things you need to take with you. Work together to make two comprehensive lists.

Tengo que comprar el billete.   **Necesito llevar el pasaporte.**

B **¿Qué estás haciendo?** Work in pairs. Give the names of several friends or family members. Tell each other what you think each person is doing at this very moment. Decide if many of your friends or relatives are doing the same thing.

C **En el parque.** You and your partner are at the following places. People there are doing different things, but since you forgot your glasses, you can't see them very well. So, you ask your partner what they are doing. Reverse roles.

el parque/los muchachos
Estudiante 1: ¿Qué están haciendo los muchachos?
Estudiante 2: Están jugando fútbol.

1. en el parque/los primos
2. en el autobús escolar/los alumnos
3. en la cafetería/los profesores
4. en la escuela/los hermanos
5. en la sala/la familia
6. en la aduana/los agentes

Comunicación escrita

A **El concurso.** In order to win an all-expense-paid vacation to the Spanish-speaking country of your choice, you must write a letter to the company that sponsors the contest. Your letter should include the following: where you want to go and why; with whom you want to go; under what conditions you want to travel.

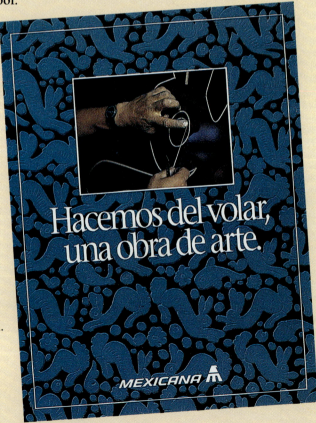

B **Tienes que…** Imagine that your good friend from Costa Rica has never taken an airplane trip. Leave a note explaining what he or she has to do at the airport. Do the following:

1. Write a list of words that you need to describe what you do at an airport.
2. Form complete sentences with the words.
3. Put the sentences in a logical order.
4. Polish the sentences and develop a coherent paragraph explaining what your friend has to do at the airport.

Reintegración

A **Un partido en Los Ángeles.** Completen. (*Complete.*)

1. Los Tigres ___ a jugar en Los Ángeles. (ir)
2. Ellos ___ contra los Dodgers. (jugar)
3. Ellos ___ ganar el partido. (querer)
4. El equipo ___ muy bueno. (ser)
5. Pero los Dodgers ___ muy buenos también. (ser)
6. Los Tigres ___ que ir a Los Ángeles. (tener)
7. ¿Cómo ___ ellos el viaje a Los Ángeles? (hacer)
8. Ellos ___ a tomar el avión. (ir)
9. ¿Cuándo ___ ellos? (salir)
10. ¿Y cuándo ___ ellos? (volver)

B **¿Qué deporte es?** Identifiquen el deporte. (*Identify.*)

1. Hay once jugadores en el equipo.
2. No pueden tocar el balón con la mano.
3. Driblan con el balón.
4. El pícher tira la pelota.
5. Los jugadores corren de una base a otra.
6. El portero bloquea el balón.

Vocabulario

SUSTANTIVOS
el aeropuerto
la línea aérea
el mostrador
el/la agente
el boleto
el billete
el pasaporte
la maleta
el talón
el equipaje
el equipaje de mano
la ropa
la báscula
la tarjeta de embarque
el pase de abordar
el destino
el vuelo
el número del vuelo
el asiento
la fila
la sección de no fumar
el control de seguridad
el control de pasaportes
el tablero
la pantalla
la llegada
la salida
la puerta de salida
el reclamo de equipaje
la aduana
el taxi
el maletero
la maletera
el avión
la tripulación
el/la comandante
el/la piloto
el/la copiloto
el asistente de vuelo
la asistenta de vuelo

VERBOS
hacer
traer
poner
salir
facturar
revisar
inspeccionar

abordar
despegar
aterrizar
desembarcar
reclamar
recoger
abrir
subir

OTRAS PALABRAS Y EXPRESIONES
hacer la maleta
hacer el viaje
en avión
en este momento
a tiempo
tarde
a bordo

NUESTRO MUNDO

Futura estrella Softball femenino

La única niña participante de las ligas infantiles y juveniles de Ponce (LIJUPO), es Debora Seilhamer, y participa con el equipo de béisbol del Club Deportivo de Ponce, 5-6 años Liga Pedrín Zorrilla.

Debora juega en la posición de segunda base y "out field". Batea a la derecha y es sexta en la posición de bateo. Actualmente tiene un promedio de .625 y es una futura estrella del softball.

Sus padres, el Ing. Larry Seilhamer y Linda, sus hermanos Dennis, David y Dissiree, son fanáticos número uno de Debora, y los mejores testigos de sus hazañas en el terreno de juego.

Además de poseer habilidad para jugar béisbol, Debora es una niña muy activa en todos los deportes de su colegio, también tiene notas sobresalientes.

¡Arriba, Debora!

Look at the ticket and answer the questions.

A ¡Qué partido! Escojan la respuesta correcta. (*Choose the correct answer.*)

1. Este boleto es una entrada para un partido de ___.
   a. fútbol   b. béisbol   c. baloncesto
2. El nombre de uno de los equipos es ___.
   a. Sudamericana   b. Boliviano   c. Cobreloa
3. La fecha del partido es ___.
   a. el tres de septiembre   b. el nueve de marzo
   c. el cuatro de agosto
4. El precio de la entrada es ___.
   a. 40 dólares   b. 40 pesos   c. 40 bolivianos

Now read the newspaper article and do the exercises.

B ¡A jugar! Contesten. (*Answer the questions.*)

1. ¿Con qué equipo juega Debora?
2. ¿Qué son todos los otros participantes en las ligas infantiles y juveniles, excepto Debora?
3. ¿Cuántos años tiene la niña aproximadamente?
4. ¿Cuál es el nombre de la liga en que juega Debora?
5. ¿Cuál es el deporte favorito de la niña?
6. ¿Qué posición juega ella?
7. ¿Cómo batea Debora?
8. ¿Es el béisbol el único deporte que juega Debora?

C ¿Dónde dice…? Escriban la frase que dice lo siguiente. (*Write the phrase that says the following.*)

1. que Debora es estudiante
2. cuál es su promedio de bateo
3. qué clase de notas saca en sus estudios
4. quiénes son los fánaticos de Debora

D La familia de Debora. Escojan la respuesta correcta. (*Choose the correct answer.*)

1. La niña tiene ___ hermanos.
   a. uno   b. dos   c. tres
2. El nombre de su padre es ___.
   a. David   b. Dennis   c. Larry
3. El padre de Debora es ___.
   a. estudiante   b. ingeniero   c. profesor
4. Dissiree es la ___ de Debora.
   a. madre   b. amiga   c. hermana

E ¿Cómo se dice…? Escriban en español. (*Give the Spanish for the following.*)

1. a future star
2. women's softball
3. batting average
4. baseball playing ability

NUESTRO MUNDO

REPASO

CAPÍTULOS 5–8

Conversación *Hugo y Marta conversan*

HUGO: ¿Dónde vives? ¿En una casa o en un apartamento?
MARTA: Vivimos en un apartamento grande. Y tú, ¿dónde vives?
HUGO: Ahora, en la universidad, donde estoy aprendiendo mucho.
MARTA: ¿Sólo estudias? ¿No haces otra cosa?
HUGO: Claro que sí. Juego (al) tenis y (al) baloncesto, y hago unos viajes durante las vacaciones. Y tú, ¿qué estudias?
MARTA: Estoy estudiando medicina. Pero prefiero jugar (al) tenis. Casi siempre gano. ¿Quieres jugar mañana?
HUGO: Pues no puedo. Tengo que asistir a una fiesta familiar.

¿Qué hacen? Contesten. (*Answer according to the conversation.*)

1. ¿Quién vive en la universidad?
2. ¿A qué juega el muchacho?
3. ¿Cuándo viaja el muchacho?
4. ¿Qué estudia la muchacha?
5. ¿A qué juega ella?
6. ¿El muchacho va a jugar (al) tenis mañana?
7. ¿Por qué, o por qué no?

Estructura

Los verbos que terminan en *-er* y en *-ir*

Review the following forms of regular *-er* and *-ir* verbs.

beber	yo bebo, tú bebes, él/ella/Ud. bebe, nosotros(as) bebemos, *vosotros(as) bebéis,* ellos/ellas/Uds. beben
vivir	yo vivo, tú vives, él/ella/Ud. vive, nosotros(as) vivimos, *vosotros(as) vivís,* ellos/ellas/Uds. viven

A En nuestro pueblo. Completen. (*Complete.*)

Leonardo y yo ___1___ (vivir) en una ciudad pequeña. Trabajamos para el periódico. Leonardo ___2___ (escribir) artículos de deportes. Yo ___3___ (escribir) artículos de cocina. Yo ___4___ (aprender) los secretos de la cocina cuando visito los restaurantes. Yo ___5___ (comer) comidas deliciosas todos los días. Pobre Leonardo ___6___ (comer) hamburguesas y ___7___ (beber) limonada en el estadio.

Los adjetivos posesivos

Review the possessive adjectives.

> mi, mis
> tu, tus
> su, sus
> nuestro, nuestros
> nuestra, nuestras
> vuestro, vuestros
> vuestra, vuestras
> su, sus

B **Nuestro hogar.** Completen con un adjetivo posesivo. (*Complete with a possessive adjective.*)

Vivimos en un apartamento. ___(1)___ apartamento tiene seis cuartos. El cuarto de ___(2)___ hermana es grande. El cuarto de ___(3)___ hermanos es pequeño. En ___(4)___ cuarto mis hermanos tienen todos ___(5)___ libros, ___(6)___ televisor y otras cosas. ___(7)___ cocina es bastante grande y también la sala y el comedor. Tenemos muchos amigos. Cuando ___(8)___ amigos vienen a casa, ellos traen ___(9)___ videos. Miramos los videos en el cuarto de ___(10)___ hermanos. Y tú, ¿miras videos en ___(11)___ casa?

El presente del verbo *tener*

1. Review the following forms of the irregular verb *tener*.

> **tener**   yo tengo, tú tienes, él/ella/Ud. tiene, nosotros(as) tenemos, *vosotros(as) tenéis*, ellos/ellas/Uds. tienen

2. Remember that the expression *tener que* means "to have to," and is always followed by an infinitive.

   Tengo que comer.   **Tenemos que estudiar.**

C **¿Qué tienes?** Preguntas personales. (*Give your own answers.*)

1. ¿Cuántos años tienes?
2. ¿Cuántos años tienen los muchachos en tu clase de español?
3. ¿Tienen Uds. un profesor o una profesora?
4. ¿Qué días tienes clases de español?
5. ¿Tienes que leer mucho en clase?
6. ¿Quiénes tienen que trabajar más, los profesores o los alumnos?

Los verbos con cambio en la raíz

1. Review the forms of the following verbs with the stem changes *e > ie, o > ue*.

PERDER (E > IE)		PODER (O > UE)	
yo	pierdo	yo	puedo
tú	pierdes	tú	puedes
él, ella, Ud.	pierde	él, ella, Ud.	puede
nosotros(as)	perdemos	nosotros(as)	podemos
vosotros(as)	*perdéis*	*vosotros(as)*	*podéis*
ellos, ellas, Uds.	pierden	ellos, ellas, Uds.	pueden

2. Remember that the *u* of *jugar* changes to *ue*.

jugar	yo juego, tú juegas, él/ella/Ud. juega, nosotros(as) jugamos, *vosotros(as) jugáis*, ellos/ellas/Uds. juegan

D **El partido de béisbol.** Completen. (*Complete.*)

Los Leones de Ponce ___ (jugar) hoy el partido más duro del año. Tienen que ganar. Si ___ (perder) el partido con los Cangrejeros no ___ (poder) ganar el campeonato. El partido de hoy ___ (empezar) a la una de la tarde. Ellos van a jugar en el estadio de los Cangrejeros. El mánager de los Leones no ___ (querer) jugar allí, él ___ (preferir) jugar en Ponce. El pícher, Guzmán ___ (empezar) a lanzar hoy después de sólo dos días de descanso. Mis amigos y yo nunca ___ (poder) dormir antes de un juego importante. Estamos muy nerviosos. ¡Nosotros ___ (querer) otra victoria para nuestros Leones!

Los verbos con g en la primera persona

1. Remember that the verbs *hacer, poner, traer,* and *salir* have a *g* in the *yo* form.

hacer	yo hago
poner	yo pongo
traer	yo traigo
salir	yo salgo

The other forms are the same as regular *-er* and *-ir* verbs.

2. Remember that *venir* is a stem-changing, *e > ie*, verb.

> **venir**   yo vengo, tú vienes, él/ella/Ud. viene,
> nosotros(as) venimos, *vosotros(as) venís,*
> ellos/ellas/Uds. vienen

E **De regreso a casa.** Preguntas personales. (*Give your own answers.*)

1. ¿A qué hora sales de casa para ir a la escuela?
2. ¿Cómo haces el viaje a la escuela, en autobús o a pie?
3. ¿Quién más hace el viaje?
4. ¿Vienes a casa solo(a) por la tarde, o alguien te trae a casa?
5. ¿Qué traes cuando vienes a casa por la tarde?
6. ¿Pones la televisión cuando llegas a casa?
7. ¿Qué hacen tus padres y tus hermanos cuando vienen a casa por la tarde?

El presente progresivo

1. The present progressive is used to describe an action or an event that is happening right now. It is formed with the present tense of *estar* and the present participle of the verb.

2. Review the present participles of the following regular verbs:
   revisar-revisando   hacer-haciendo   subir-subiendo

   The participles of *leer* and *traer* have a *y*: *leyendo, trayendo.*

F **En el aeropuerto.** Completen con el presente progresivo. (*Complete with the present progressive.*)

Los pasajeros ___ (salir) por la puerta número dos. Ellos ___ (subir) al avión.
       1   2
El avión no puede despegar todavía porque otro avión ___ (aterrizar). Los
                                                       3
aviones que ___ (aterrizar) tienen preferencia sobre los aviones que ___
              4   5
(despegar). Todos están a bordo y un asistente de vuelo ___ (cerrar) las puertas
                                                          6
del avión. El capitán ___ (dar) la bienvenida a bordo a los pasajeros.
                        7

Comunicación

El concurso. Your local real estate office is giving away a house to the person who writes the best and most original description of his or her dream house. You want to enter the contest. Write two paragraphs describing your dream house.

CASA SE VENDE

COLONIA LOS ÁNGELES. Solar 900 V2., const. 375 V2., 3 dormitorios, sala, comedor, dos estudios, cuarto para trabajadora, garaje, varios carros, teléfono, calentadores de agua eléctrico y de gas, magnífica construcción. Precio rebajado. Oportunidad...Llamar DORIS Rodríguez Tel. 37-2045.

FONDO ACADÉMICO

LAS CIENCIAS NATURALES

Antes de leer

We inherit certain characteristics from our parents. Our race, our height, the color of our eyes and hair are all determined by the genes we inherit from our parents and grandparents. This inheritance is not totally random.

1. Look up "Mendel's Law" and review the principles of heredity.
2. Prepare a family tree for yourself or, if you prefer, for a classmate, going back as far as you can. Next to each person jot down all the physical characteristics known about him or her. All labels should be in Spanish.
3. Make a list of all the physical characteristics you wrote down in the family tree. Which characteristics turn up most often? Explain your findings.

Lectura

GREGOR JOHANN MENDEL (1822-1884)

Mendel es de Austria. Es naturalista. Cuando tiene veintiún años entra en el convento de Brno donde continúa estudiando y practicando la botánica. Mendel cruza plantas para ver cómo cambian las sucesivas generaciones. Sus investigaciones científicas resultan en la formulación de las leyes[1] de Mendel. Las leyes de Mendel son publicadas en 1865 en un libro titulado *Experimentos de hibridación en plantas*.

Ya conocemos la forma de reproducción de las amebas. Simplemente se dividen. Las células nuevas heredan[2] los rasgos o características de la célula original, y son idénticas. En los organismos superiores hay que tener dos padres. Los hijos heredan

Gregor Johann Mendel (1822–1884)

rasgos de los dos padres. Es obvio que los rasgos se mezclan[3] de alguna manera. Cada individuo tiene algunos rasgos del padre y otros de la madre. Es Mendel quien descubre cómo los rasgos se combinan.

[1] las leyes — *laws*
[2] heredan — *inherit*
[3] mezclan — *mix*

FONDO ACADÉMICO

Después de leer

A Mendel. Contesten.

1. ¿De qué país es Mendel?
2. ¿Dónde trabaja Mendel?
3. ¿Qué clase de científico es Mendel?
4. ¿Qué libro escribe Mendel y cuándo publica el libro?
5. ¿Cuál es un sinónimo de *rasgo*?

B Investigaciones. ¿Dónde dice lo siguiente?

1. how amoebas reproduce
2. what Mendel studied
3. where Mendel's law first appeared
4. from whom offspring inherit their traits
5. with what Mendel experimented

C Seguimiento. Prepare a brief resume in English of the passage about Gregor Mendel.

Mendel experimenta con la hibridación de las plantas.

Los hijos heredan los rasgos de sus padres.

FONDO ACADÉMICO

CIENCIAS SOCIALES: LA GEOGRAFÍA FÍSICA

Antes de leer

In North America, it is common to consider North and South America as two continents. In the Spanish-speaking world, the two continents are considered one, *la América*. In the following passage, you will find out about the major regions of America, their location and size.

1. On a topographical map of the Americas locate and identify: the highest peak, two desert regions, and the country in South America with the longest coastline.
2. One of the republics of South America is totally landlocked. In 1879, it lost its only access to the sea. Name the country, indicate how it lost its seaport, and on a map show a location of the port.

Lectura

El continente americano se extiende desde Alaska, en el extremo Norte, hasta la Tierra del Fuego, en el extremo Sur. Su límite al este es el Océano Atlántico, y al oeste es el Océano Pacífico. Está completamente separado de los otros continentes. La distancia desde el norte hasta el sur es de 19.000 kilómetros. Es el continente más largo en latitud. El continente americano se divide en tres partes. la América del Norte, que cubre 24 millones de kilómetros cuadrados[1]; la América del Sur, que cubre 18 millones de kilómetros cuadrados; y la América Central, un istmo largo que une la América del Norte con la América del Sur que cubre 500 mil kilómetros cuadrados.

Debido a que es tan largo, el continente tiene una gran variedad climática. Hay cuatro climas que se representan en el continente: el clima subpolar; el clima continental; el clima tropical; y el clima ecuatorial.

[1] cuadrados square

Glaciar Perito Moreno, provincia de Santa Cruz, Argentina

FONDO ACADÉMICO

Los Andes

Las cataratas de Iguazú entre Paraguay y la Argentina

El desierto de Atacama, Chile

Salto de Ángel, Venezuela

Después de leer

A **La geografía.** Contesten.

1. ¿Cuál es la extensión, en kilómetros, del continente americano?
2. ¿Con qué limita el continente al este?
3. ¿En cuántas partes se divide el continente?
4. ¿Cuántos kilómetros cuadrados cubre la América Central?
5. ¿Cuántos climas hay en el continente americano?
6. ¿Cuáles son los climas del continente americano?

B **Las Américas.** ¿Dónde dice lo siguiente?

1. the area of North America
2. what is at the southernmost point of America

C **Seguimiento.** Describan la extensión y el clima del estado o provincia donde Uds. van a la escuela.

FONDO ACADÉMICO

LAS ARTES

Antes de leer

Probably the greatest of Spain's classical painters was the 17th century artist Velázquez. Familiarize yourself with some of his major works: *Las Meninas*, *Vulcan's Forge*, and the *Surrender of Breda*. Breda is a city in Flanders. Flanders, today a part of Belgium, once was a Spanish colony.

Lectura

Diego Rodríguez de Silva y Velázquez nace[1] en Sevilla en 1599, y muere en Madrid en 1660. Velázquez empieza a pintar en Sevilla, pero en 1623 va a Madrid como pintor de cámara del rey Felipe IV. En Madrid su estilo cambia. Velázquez es famoso por su uso de la luz[2] en sus cuadros.

Las Meninas

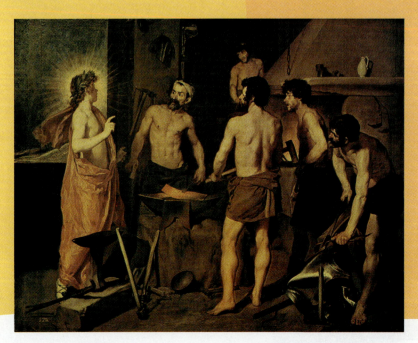

La fragua de Vulcano

FONDO ACADÉMICO

Dos de las obras más importantes de Velázquez son de gran interés histórico. En el cuadro *Las Meninas* aparece la familia del rey don Felipe IV. Es curioso porque el artista está en el cuadro también. La otra gran obra es *La rendición de Breda*. Breda es una ciudad de Flandes. En el siglo XVII Flandes es parte del imperio español. Los flamencos quieren ser independientes y entran en una guerra[3] con España. El general que gana la batalla y ocupa la ciudad de Breda es Ambrosio de Spínola, un italiano al servicio del rey de España, Felipe IV. El cuadro también tiene el nombre de *Las lanzas*[4].

[1] nace *is born*
[2] luz *light*
[3] guerra *war*
[4] lanzas *spears*

La rendición de Breda

Después de leer

A Velázquez. Completen.

1. Es pintor de cámara del rey ___.
2. Velázquez va de Sevilla a Madrid en ___.
3. Una característica de su arte es su uso de la ___.
4. Las personas que están en el cuadro *Las meninas* son ___.
5. En el siglo XVII los españoles tienen una guerra con los ___.
6. El general que gana la batalla no es español, es ___.
7. Breda está en ___.

B Los cuadros. ¿Dónde dice lo siguiente?

1. that his use of light was extraordinary
2. the name of a seventeenth century Spanish colony in Europe
3. where Velázquez was born and where he died
4. why there was a war in Flanders
5. the subject of the painting *Las meninas*

C Seguimiento.

1. Describe, en español, *Las meninas*.
2. *La rendición de Breda* también tiene el nombre *Las lanzas*. ¿Por qué?
3. En *Las lanzas*, ¿quién es Ambrosio de Spínola?
4. ¿Quiénes crees que son "las meninas"?
5. En *Las meninas*, ¿dónde está Velázquez?
6. ¿Qué relación existe entre *Las meninas* y *Las lanzas*?

APÉNDICES

MAPAS

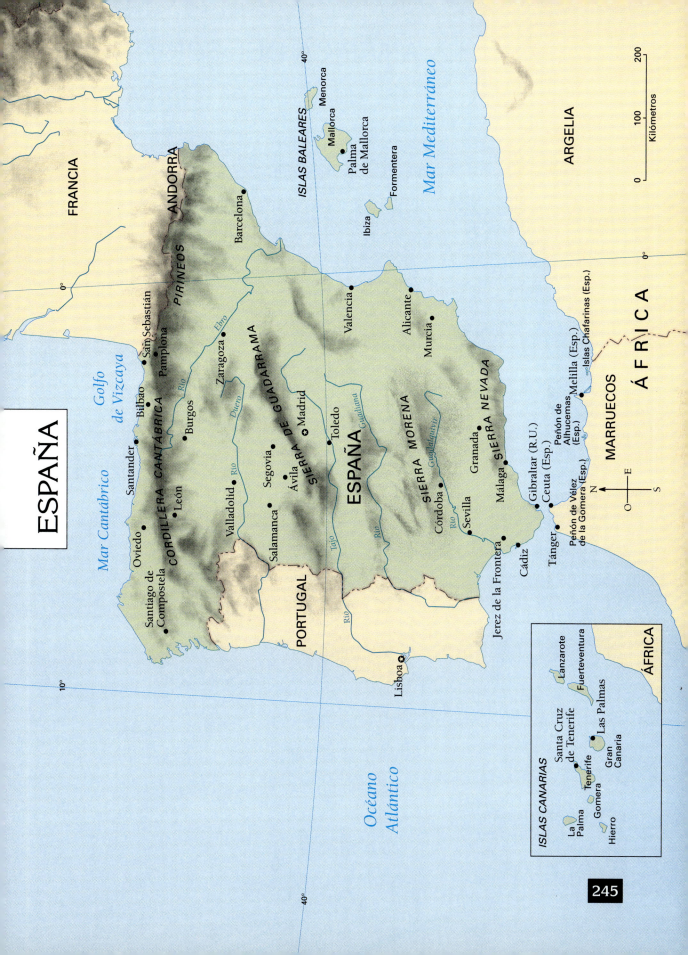

MÉXICO, LA AMÉRICA CENTRAL, Y EL CARIBE

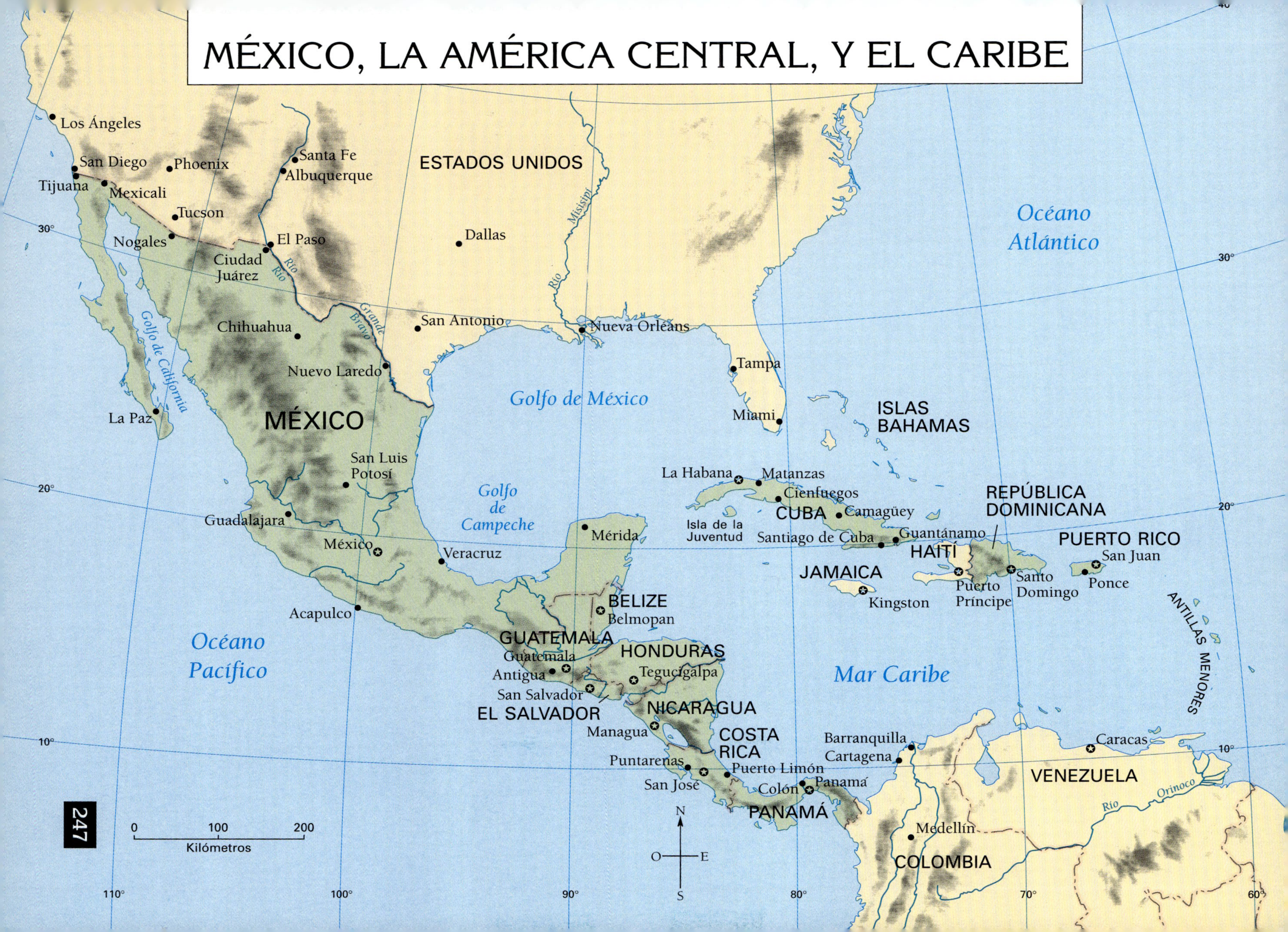

VERBOS

A. Verbos regulares

INFINITIVO	**hablar** *to speak*	**comer** *to eat*	**vivir** *to live*
PRESENTE PROGRESIVO	estar hablando	estar comiendo	estar viviendo
PRESENTE	yo hablo tú hablas él, ella, Ud. habla nosotros(as) hablamos *vosotros(as) habláis* ellos, ellas, Uds. hablan	yo como tú comes él, ella, Ud. come nosotros(as) comemos *vosotros(as) coméis* ellos, ellas, Uds. comen	yo vivo tú vives él, ella, Ud. vive nosotros(as) vivimos *vosotros(as) vivís* ellos, ellas, Uds. viven

B. Verbos regulares con cambio en la primera persona singular
(Regular verbs with stem change in the first person singular)

INFINITIVO	**ver** *to see*	**hacer** *to do*	**poner** *to put*
PRESENTE PROGRESIVO	estar viendo	estar haciendo	estar poniendo
PRESENTE	yo veo	yo hago	yo pongo

INFINITIVO	**traer** *to bring*	**salir** *to leave*	
PRESENTE PROGRESIVO	estar trayendo	estar saliendo	
PRESENTE	traigo	salgo	

C. Verbos con cambio radical *(Stem-changing verbs)*

INFINITIVO	**preferir (e>ie)** *to prefer*	**volver (o>ue)** *to return*	
PRESENTE PROGRESIVO	estar prefiriendo	estar volviendo	
PRESENTE	yo prefiero tú prefieres él, ella, Ud. prefiere nosotros(as) preferimos *vosotros(as) preferís* ellos, ellas, Uds. prefieren	yo vuelvo tú vuelves él, ella, Ud. vuelve nosotros(as) volvemos *vosotros(as) volvéis* ellos, ellas, Uds. vuelven	

D. Verbos irregulares

INFINITIVO	**dar** *to give*	**estar** *to be*	**ir** *to go*
PRESENTE PROGRESIVO	estar dando		estar yendo
PRESENTE	yo doy tú das él, ella, Ud. da nosotros(as) damos *vosotros(as) dais* ellos, ellas, Uds. dan	yo estoy tú estás él, ella, Ud. está nosotros(as) estamos *vosotros(as) estáis* ellos, ellas, Uds. están	yo voy tú vas él, ella, Ud. va nosotros(as) vamos *vosotros(as) vais* ellos, ellas, Uds. van
INFINITIVO	**ser** *to be*	**tener** *to have*	**venir** *to come*
PRESENTE PROGRESIVO	estar siendo	estar teniendo	estar viniendo
PRESENTE	yo soy tú eres él, ella, Ud. es nosotros(as) somos *vosotros(as) sois* ellos, ellas, Uds. son	yo tengo tú tienes él, ella, Ud. tiene nosotros(as) tenemos *vosotros(as) tenéis* ellos, ellas, Uds. tienen	yo vengo tú vienes él, ella, Ud. viene nosotros(as) venimos *vosotros(as) venís* ellos, ellas, Uds. vienen

VOCABULARIO ESPAÑOL-INGLÉS

The Vocabulario español-inglés contains all productive and receptive vocabulary from the text.

The reference numbers following each productive entry indicate the chapter and vocabulary section in which the word is introduced. For example **3.2** means that the word first appeared in *Capítulo 3, Palabras 2*. **BV** refers to the introductory *Bienvenidos* lesson.

Words without a chapter reference indicate receptive vocabulary (not taught in the *Palabras* sections).

A

¿**A qué hora?** At what time?, **2**
a veces sometimes, **5.2**
abordar to board, **8.1**
la **abreviatura** abbreviation
abril April, **BV**
abrir to open, **8.2**
el/la **abuelo(a)** grandfather (grandmother), **6.1**
los **abuelos** grandparents, **6.1**
abundante abundant
aburrido(a) boring, **1.1**
la **academia** academy
académico(a) academic
adiós good-bye, **BV**
adivinar to guess
¿adónde? (to) where?, **4**
la **aduana** customs, **8.2**
el **aeropuerto** airport, **8.1**
las **afueras** outskirts, **5.1**
el/la **agente** agent, **8.1**
agosto August, **BV**
agradable pleasant
el **agua** (f.) water
el **agua mineral** mineral water
ahora now
al (a + el) to the
alegre happy
el **alga** seaweed
el **álgebra** algebra, **2.2**
alguno(a) some, any
el **almuerzo** lunch, **5.2**
alrededor de around, **6.2**
alto(a) tall, **1.1**; high
el/la **alumno(a)** student, **1.1**
amable kind, **2.1**
amazónico(a) Amazon, Amazonian
la **ameba** amoeba
la **América del Sur** South America, **8.1**
americano(a) American, **1.2**
el **análisis** analysis
analizar to analyze
el/la **amigo(a)** friend, **1.1**
el **animal** animal
antártico(a) antarctic
antes before
antiguo(a) ancient
antipático(a) unpleasant (person), **1.1**
la **antropología** anthropology
el/la **antropólogo(a)** anthropologist

el **anuncio** advertisement, announcement
el **año** year
aparecer (zc) to appear
el **apartamento** apartment, **5.1**
el **apellido** last name
aprender to learn, **5.2**
el **aprendizaje** learning
aprobado(a) passing
los **apuntes** notes, **3.2**
aquí here
el/la **árbitro(a)** referee, **7.1**
el **árbol** tree, **6.2**
el **árbol genealógico** family tree
el **área** (f.) area
argentino(a) Argentinian, **2.1**
la **aritmética** arithmetic, **2.2**
el **aro** hoop, **7.2**
el **arte** (f.) art, **2.2**
el/la **artista** artist
la **ascendencia** ancestry
el **ascensor** elevator, **5.1**
así thus
el **asiento** seat, **8.1**
el **número del asiento** seat number, **8.1**
la **asignatura** subject, **2.2**
el/la **asistente(a) de vuelo** flight attendant, **8.2**
asistir to attend, to assist, **5.2**
el **asombro** amazement
el **aterrizaje** landing
aterrizar to land, **8.2**
Atlántico: Océano Atlántico Atlantic Ocean
el/la **atleta** athelete
atractivo(a) attractive, **1.2**
atrapar to catch, **7.2**
aun even
austral southern
el **autobús** bus, **3.1**
avanzado(a) advanced
la **avenida** avenue, **5.1**
el/la **aventurero(a)** adventurer
el **avión** airplane, **8.1**
la **avioneta** small airplane

B

la **bacteria** bacterium
bailar to dance, **4.2**
el **baile** dance
bajo(a) short (person), **1.1**; low

el **balcón** balcony, **6.2**
el **balón** ball, **7.1**
el **baloncesto** basketball, **7.2**
el **banco** bench, **BV**
la **banda** (music) band
el **barrio** neighborhood
la **báscula** scale, **8.1**
la **base** base, **7.2**
el **básquetbol** basketball, **7.2**
bastante enough, **1.1**
la **batalla** battle
el **bate** bat, **7.2**
el/la **bateador(a)** batter, **7.2**
batear to hit (sports), **7.2**
el **bautizo** baptism
beber to drink, **5.2**
el **béisbol** baseball, **7.2**
bello(a) beautiful
la **biblioteca** library, **4.1**
la **bicicleta** bicycle, **6.2**
bien fine, well, **BV**
bilingüe bilingual
el **billete** ticket, **8.1**
la **biología** biology, **2.2**
el/la **biólogo(a)** biologist
blanco(a) white
el **bloc** writing pad, **3.2**
bloquear to block, **7.1**
el **bocadillo** sandwich, **5.2**
el **boleto** ticket, **8.1**
el **bolígrafo** ballpoint pen, **BV**
bonito(a) pretty, **6.2**
la **botánica** botany
brincar to jump
bueno(a) good, **1.2**
buenas noches good evening, good night, **BV**
buenas tardes good afternoon, **BV**
buenos días good morning, **BV**
el **bus** bus, **3.1**

C

la **cabeza** head, **7.1**
cabotaje: de cabotaje domestic, **8**
cada each
el **café** coffee, **5.2**; cafe
la **cafetería** cafeteria
la **calculadora** calculator, **BV**
el **calendario** calendar
la **calificación** grading, **3.2**

VOCABULARIO ESPAÑOL-INGLÉS 253

la **calle** street, 5.1
la **cámara: de cámara** court, royal
cambiar to change
el **cambio** change
el **campeonato** championship
el **campo** country, 5.1; field, 7.1
    el **campo de fútbol** football field, 7.1
el **canasto** basket, 7.2
la **cancha** court (sports), 7.2
el/la **cantante** singer
    cantar to sing, 4.2
la **cantina** lunchroom
la **capital** capital
la **característica** characteristic
Caribe Caribbean
la **carne** meat, 5.2
caro(a) expensive
el **carro** car, 3.1
la **carta** letter, 5.2
la **casa** house, 4.1
    a casa home, 4.2
    la **casa particular** private house
casi almost
el **caso** case
castizo(a) real, legitimate, genuine
el/la **cátcher** catcher, 7.2
la **categoría** category
católico(a) Catholic
la **causa** cause
    a causa de because of
la **celebración** celebration
celebrar to celebrate
la **célula** cell
la **cena** dinner, 5.2
Centroamérica Central America
el **centro comercial** shopping center, 4.1
cerca de near
la **ceremonia** ceremony
cero zero
el **cesto** basket, 7.2
el **ciclomotor** motorbike, 6.2
cien(to) one hundred, BV
la **ciencia** science, 2.2
    la **ciencia política** political science
    las **ciencias naturales** natural sciences
    las **ciencias sociales** social sciences, 2.2
el/la **científico(a)** scientist

científico(a) scientific
cinco five, BV
cincuenta fifty, BV
la **cinta** tape, 4.1
el **círculo** circle
la **ciudad** city, 5.1
el/la **ciudadano(a)** citizen
la **civilización** civilization
claro of course
la **clase** class, 2.1
clásico(a) classic, 4
el/la **cliente** customer, 5.2
el **clima** climate
climático(a) climatic
la **cocina** kitchen, 4.1
el **coche** car, 3.1
coeducacional coeducational
el **colegio** school, 1.1
la **colección** collection
colombiano(a) Colombian, 1
el/la **comandante** captain, 8.2
combinar to combine
el **comedor** dining room, 5.1
el **comentario** commentary
comenzar (ie) to begin, 7
comer to eat, 5.2
la **comida** meal, 5.2
como as, like
¿cómo? what?; how?, 1.1
la **compañía** company
comparar to compare
la **competencia** competition
competir to compete
completamente completely
el **comportamiento** behavior
comprar to buy, 5.2
comprender to understand, 5.2
el **compuesto** compound
la **computadora** computer, BV
común common
comunicar to communicate
la **comunidad** community
con with
el **concurso** contest
la **conducta** conduct
conocer to know
contemporáneo(a) contemporary
el **continente** continent
continuar to continue
contra against
contrario(a) opposite, 7
el **control** inspection, 8.1
    el **control de seguridad** security inspection, 8.1

    el **control de pasaportes** passport inspection, 8.1
el **convento** convent
la **conversación** conversation
la **copa** cup
    la **Copa mundial** World Cup
el/la **copiloto** copilot, 8.2
correr to run, 7.2
corto(a) short
la **cosa** thing
la **costumbre** custom
cruzar to cross
el **cuaderno** notebook, BV
cuadrado(a) square
el **cuadro** painting, picture
¿cuál? what?, which?, BV
    ¿Cuál es la fecha de hoy? What is today's date?, BV
cuando when
¿cuándo? when?, 3.1
¿cuánto(a)? how much?, BV
    ¿Cuánto es? How much is it?, BV
cuarenta forty, BV
cuarto fourth, 5.1
el **cuarto** room, 5.1
    el **cuarto de dormir** bedroom, 5.1
    el **cuarto de baño** bathroom, 5.1
cuatro four, BV
cubano(a) Cuban
cubrir to cover
la **cultura** culture
el **cumpleaños** birthday, 6.2
cumplir to be (so many years) old
curioso(a) curious
el **curso** course, 2.1

CH

la **chabola** shack
chao good-bye, BV
el **chimpancé** chimpanzee
la **choza** shack

D

dar to give, 4.2
el **dato** fact
de of, from, for, 1.1
    de equipo team, 7

de jazz jazz, 4
de nada you're welcome, BV
de rock rock, 4
debido a due to
décimo tenth, 5.1
la **definición** definition
del (de + el) from the, of the
la **demografía** demography
denso(a) thick
dentro de in; inside
depender to depend
el **deporte** sport, 2.2
deportivo(a) related to sports
la **derecha** right, 5.1
    a la derecha to the right, 5.1
derrotar to defeat
desaparecer (zc) to disappear
desaprobado(a) failing
el **desayuno** breakfast, 5.2
descender to descend
describir to describe
el **descubrimiento** discovery
descubrir to discover
desde from, since
desembarcar to disembark, 8
el **desierto** desert
despegar to take off (airplane), 8.2
después de after, 4.1
el **destino** destination, 8.1
devolver (ue) to return, 7.2
el **día** day
    diario(a) daily; diary
    dibujar to sketch
    diciembre December, BV
    diez ten, BV
la **diferencia** difference
diferente different
difícil difficult, 2.1
el **dinero** money
la **dirección** address
la **disciplina** instruction, 2.2
el **disco** record, 4.1
la **distancia** distance
divertido(a) fun, 1.1
dividir to divide
el **divorcio** divorce
dominicano(a) Dominican
el **domingo** Sunday, BV
¿dónde? where?, 1.2
dormir (ue) to sleep, 7
el **dormitorio** bedroom, 5.1
dos two, BV
driblar (con) to dribble, 7.2
durante during, 4.2

E

la **economía** economy
    economía doméstica domestic economy, 2.2
ecuatorial equatorial
ecuatoriano(a) Ecuadorean
el **edificio** building, 5.1
la **educación** education
    la **educación cívica** civic education, 2.2
    la **educación física** physical education, 2.2
el **ejemplo** example
    por ejemplo for example
el the (m. sing.), 1.1
él he, 1.1
el **elefante** elephant
elegante elegant
el **elemento** element
ella she, her, 1.2
ellos(as) they, them
la **emisión deportiva** sports broadcast, 5.2
la **emoción** emotion; excitement
empatado(a) tied, 7
empezar (ie) to begin, 7.1
la **empresa** company
en in, 1.1
    en avión by plane, 8
    en este momento at this moment, 8.1
encestar to put in a basket, 7.2
la **energía** energy
enero January, BV
enlazar to join, connect
enorme enormous
la **ensalada** salad, 5.2
la **enseñanza** teaching
enseñar to teach, 3.2
entero(a) whole
la **entrada** entrance, 6.2; admission ticket, 7.2
entrar to enter, 3.1
entre between
la **entrevista** interview
la **época** epoch
el **equipaje** baggage, 8.1
    el **equipaje de mano** hand baggage, 8.1
    el **reclamo de equipaje** baggage claim, 8.2

el **equipo** team, 7.1
eres you (sing. fam.) are
es he/she/it is, 1.1
la **escalera** stairway, 5.1
la **escena** scene
escolar school, 3.1
escribir to write, 5.2
escrito(a) written
escuchar to listen, 4.1
la **escuela** school, 1.1
    la **escuela intermedia** intermediate school
    la **escuela primaria** elementary school
    la **escuela secundaria** high school, 1.1
    la **escuela superior** advanced school
    la **escuela vocacional** vocational school
la **escultura** sculpture
eso that, 3.1
    a eso de about, 3.1
España Spain
el/la **español(a)** Spanish, 2.2
la **especialidad(a)** specialty
el/la **especialista** specialist
especialmente especially
específico(a) specific
espectacular spectacular
el/la **espectador(a)** spectator, 7
el/la **esposo(a)** husband (wife), 6.1
el **estadio** stadium, 7.1
el **estado** state
    el **estado libre asociado** commonwealth
los **Estados Unidos** United States
están they/you (pl. form.) are, 4.1
estar to be, 4.1
estás you (sing. fam.) are
el **este** east
este(a) this
el **estilo** style
estoy I am
el/la **estudiante** student
estudiar to study, 3.2
el **estudio** study
estupendo(a) terrific
la **Europa** Europe
europeo(a) European
la **evaluación** evaluation
el **examen** examination, 3.2
exótico(a) exotic
el **experimento** experiment

el/la **explorador(a)** explorer
extenderse to extend
extranjero(a) foreign
extremo(a) extreme

F

fabuloso(a) fabulous
fácil easy, **2.1**
facturar to check (luggage), **8.1**
facultativo(a) optional
la **familia** family, **5.1**
familiar family
famoso(a) famous
fantástico(a) fantastic, **1.2**
febrero February, **BV**
la **fecha** date, **BV**
 ¿**Cuál es la fecha de hoy?**
  What is today's date?, **BV**
el **fenómeno** phenomenum
festejar to celebrate
la **fiesta** party, **4.2**
la **figura** figure
la **fila** row, **8**
el **fin** end
 en fin finally
la **física** physics, **2.2**
el/la **físico** physicist
físico(a) physical
el/la **flamenco(a)** Flemish
la **flor** flower, **6.2**
formar to form
la **formulación** formation
francés(a) French, **2.2**
frecuentar to frequent
frecuentemente frequently
la **frontera** frontier
fuerte strong
funcionar to function
el **fútbol** football, **7.1**
 el campo de fútbol football field, **7.1**

G

ganar to win, **7.1**; to earn
el **garaje** garage, **6.2**
la **gaseosa** soft drink, soda, **5.2**
la **gasolinera** gas station
el **gato** cat, **6.1**
la **generación** generation
el/la **general** general
la **gente** people

la **geografía** geography, **2.2**
geográfico(a) geographic
la **geometría** geometry, **2.2**
gigantesco(a) gigantic, huge
el **glaciar** glacier
el **gol** goal, **7.1**
la **goma** eraser, **BV**
gozar to enjoy
gracias thank you, **BV**
el **grado** grade
gran, grande big, **2.1**
 las Grandes Ligas Major Leagues
el **grupo** group
el **guante** glove, **7.2**
la **guerra** war
la **guitarra** guitar, **4.2**

H

la **habitación** room, **5.1**
hablar to speak, **3.1**
hacer to make, **8.1**
 hacer el viaje to make the trip, **8.1**
 hacer la maleta to pack the suitcase, **8**
hasta until, **BV**
 hasta la vista see you later, **BV**
 hasta luego see you later, **BV**
 hasta mañana see you tomorrow, **BV**
 hasta pronto see you soon, **BV**
hay there is, there are, **5.1**
el **helado** ice cream, **5.2**
heredar to inherit
el/la **hermanastro(a)** stepbrother (stepsister)
el/la **hermano(a)** brother (sister), **2.1**
el/la **héroe** hero
la **hibridación** hybridization
el/la **hijastro(a)** stepson (stepdaughter)
el/la **hijo(a)** son (daughter), **6.1**
los **hijos** children (sons and daughters), **6.1**
el **hipopótamo** hippopotamus
hispánico(a) Hispanic
hispano(a) Hispanic
la **historia** history, **2.2**; story
el/la **historiador(a)** historian

histórico(a) historic
el **hit** hit (sports), **7.2**
la **hoja** sheet, **BV**
 la hoja de papel sheet of paper, **BV**
hola hello, **BV**
el **hombre** man
honesto(a) honest, **1.2**
el **honor** honor
la **hora** hour; time
el **horario** schedule
hoy today
 hoy en día nowadays
 ¿**Cuál es la fecha de hoy?**
  What is today's date?, **BV**
humano(a) human
humilde humble
el **huso horario** time zone

I

la **idea** idea
idéntico(a) identical
el **idioma** language
igual equal
el **imperio** empire
la **importancia** importance
importante important
imposible impossible
impresionante amazing, impressive
incluso including
independiente independent
individual individual, **7**
el **individuo** individual
industrializado(a) industrialized
el **inglés** English, **2.2**
la **información** information
el **informe** report
inhóspito(a) inhospitable
inmenso(a) immense
el/la **inquilino(a)** renter
inspeccionar to inspect, **8.2**
la **institución** institution
el **instituto** institute
las **instrucciones** instructions, **5.2**
el **instrumento** instrument
insuficiente incompetent
íntegro(a) integral
inteligente intelligent, **2.1**
intercambio exchange
el **interés** interest
interesante interesting, **2.1**

internacional international
interrogativo(a) interrogative
la **investigación** investigation
la **invitación** invitation, **5.2**
invitar to invite, **4.2**
ir to go, **4.1**
ir a... to go to, **6**
la **isla** island
el **istmo** isthmus
el/la **italiano(a)** Italian, **2.2**
la **izquierda** left, **5.1**
a la izquierda to the left, **5.1**

J

el **jardín** garden, **6.2**
el/la **jardinero(a)** outfielder (sports), **7.2**
el **jonrón** home run, **7.2**
joven young, **6.1**
el/la **joven** young person
el **juego** game
el **jueves** Thursday, **BV**
el/la **jugador(a)** player, **7.1**
jugar (ue) to play, **7.1**
julio July, **BV**
la **jungla** jungle
junio June, **BV**
juntos(as) together

K

el **kilómetro** kilometer

L

la the (f. sing.), **1.1**
el **laboratorio** laboratory
la **lanza** spear
el/la **lanzador(a)** pitcher, **7.2**
lanzar to throw, **7.1**
el **lápiz** pencil, **5.2**
largo(a) long
las the (f. pl.)
el **latín** Latin, **2.2**
la **Latinoamérica** Latin America
latinoamericano(a) Latin American
la **latitud** latitude
la **lección** lesson, **3.2**
la **lectura** reading
la **leche** milk, **5.2**
leer to read, **5.2**
la **lengua** language, **2.2**
lengua materna mother tongue
la **ley** law
la **libreta** notebook, **3.2**
el **libro** book, **BV**
el **liceo** (primary school in Mexico, but high school in most places)
el **límite** limit; boundary
la **limonada** lemonade, **BV**
la **línea aérea** airline, **8.1**
los the (m. pl.)
el **lugar** place
lujo: de lujo deluxe
el **lunes** Monday, **BV**
la **luz** light

LL

la **llegada** arrival, **8.1**
el tablero de llegadas y salidas arrival and departure board, **8.1**
llegar to arrive, **3.1**
llevar to carry, **3.2**; to wear

M

la **madre** mother, **6.1**
el/la **madrileño(a)** native of Madrid
la **madrina** godmother
magnífico(a) magnificent
la **maleta** suitcase, **8.1**
hacer la maleta to pack the suitcase, **8**
el/la **maletero(a)** porter, trunk, **8.1**
malo(a) bad, **1**
la **mamá** mom, **5.2**
manera way, manner, **1.1**
de ninguna manera by no means, **1.1**
la **mano** hand, **7.1**
el equipaje de mano hand baggage, **8.1**
la **mañana** morning
mañana tomorrow
el **mapa** map
el **mar** sea
marcar to score (sports), **7.1**
el **marido** husband, **6.1**
el **martes** Tuesday, **BV**
marzo March, **BV**
más more
las **matemáticas** mathematics, **2.2**
la **materia** material, **2.2**
materno(a) maternal
el **matrimonio** wedding; marriage
el/la **maya** Maya, Mayan
mayo May, **BV**
mayor great, greater, greatest
la **mayoría** majority
mayormente principally, mainly
la **media** sock, stocking
la **media: y media** half past the hour
la **medianoche** midnight, **2**
medieval medieval
el **medio** mean, way
medio(a) middle
el **mediodía** midday, noon, **2**
menos less
mental mental
la **merienda** snack, **4.1**
meter to put in, **7.1**
mexicano(a) Mexican, **1.1**
mezclar to mix
mi my
microscópico(a) microscopic
el **microscopio** microscope
el/la **miembro(a)** member
mientras while
el **miércoles** Wednesday, **BV**
mil (one) thousand, **BV**
el **millón (de)** million
mirar to look at, **3.2**
mismo(a) same
mixto(a) mixed
la **mochila** bookbag, knapsack, **BV**
moderno(a) modern
modesto(a) modest
el **momento** moment
montañoso(a) mountainous
moreno(a) brown, **1.1**
morir (ue, u) to die
el **mostrador** counter, **8.1**
el **motor** motor
el/la **muchacho(a)** boy (girl), **BV**
mucho(a) a lot; many, **5**
mucho gusto nice to meet you, **BV**
la **mujer** woman, **6.1**
mundial worldwide
la Copa mundial World Cup
la Serie mundial World Series

VOCABULARIO ESPAÑOL-INGLÉS

el **mundo** world
el **museo** museum
la **música** music, 2.2
el/la **músico** musician
muy very, 1.1

N

nacer to be born
el **nacimiento** birth
nacional national
la **nacionalidad** nationality, 1
el/la **naturalista** naturalist
ni... ni neither... nor
nicaragüense Nicaraguan
el/la **nieto(a)** grandchild, 6.1
los **nietos** grandchildren, 6.1
    ninguno(a) not any, none, 1.1
        de ninguna manera by no means, 1.1
    no no
        no hay de qué you're welcome, BV
    nocturno(a) nocturnal
el **nombre** name
norteamericano(a) North American
nosotros(as) we, 2.2
la **nota** grade, 3.2
notable outstanding
las **noticias** news, 5.2
la **novela** novel, 5.2
noveno(a) ninth, 5.1
noventa ninty, BV
noviembre November, BV
el/la **novio(a)** boyfriend (girlfriend); fiancé(e)
nuestro(a) our
nueve nine, BV
nuevo(a) new, 6.2
el **número** number, 8.1
    el número del vuelo flight number, 8.1
    el número del asiento seat number, 8.1
nunca never

O

o or
el **objetivo** objective
el **objeto** object
obligatorio(a) obligatory
obvio(a) obvious
el **océano** ocean
    el Océano Atlántico Atlantic Ocean
    el Océano Pacífico Pacific Ocean
octavo(a) eighth, 5.1
octubre October, BV
ocupar to occupy
ochenta eighty, BV
ocho eight, BV
oír to hear
opinar to think
el **orangután** orangutan
orgánico(a) organic
el **organismo** organism
original original
el **otoño** autumn, 7.1
otro(a) other, 2.2
el **out** out (sports), 7.2
ovalado(a) oval
oye hey, listen

P

el **padre** father, 6.1
los **padres** parents, 6.1
el **padrino** godfather
los **padrinos** godparents
el **país** country
la **palabra** word
panameño(a) Panamanian
la **pantalla** screen, 8.1
la **papa** potato, 5.2
el **papá** dad, 5.2
el **papel** paper, BV
    la hoja de papel sheet of paper, BV
para for; to
el **paramecio** paramecium
parar to stop, 7.1
el/la **pariente** relative
el **parque** park, 6.2
la **parte** part
particular private; particular, 5.1
el **partido** game, 7.1
el **pasado** past
el/la **pasajero(a)** passenger, 8.1
el **pasaporte** passport, 8.1
    el control de pasaportes passport inspection, 8.1
pasar to pass, 7.2; to happen
el **pasatiempo** pastime, hobby
el **pase de abordar** boarding pass, 8.1
el **paseo** stroll, walk
paterno(a) paternal
el **patio** patio, courtyard
la **película** movie, 5.2
la **pelota** ball, 7.2
pequeño(a) small, 2.1
perder (ie) to lose, 7.1
perdón excuse me
el **periódico** newspaper, 5.2
pero but
el **perro** dog, 6.1
la **persona** person
personal personal
el/la **pianista** pianist
el **piano** piano, 4.2
el **pico** peak
el/la **pícher** pitcher, 7.2
el **pie** foot, 3.1
    a pie on foot, 3.1
el/la **piloto** pilot, 8.2
pintar to paint
el/la **pintor(a)** painter
la **pintura** painting
el **piso** floor, 5.1
la **pizarra** chalkboard, BV
el **pizarrón** chalkboard, 3.2
el **plan** plan
la **planta** floor; plant, 6.2
    la planta baja ground floor, 5.1
plástico(a) plastic
el **platillo** home plate (baseball), 7.2
el **plato** plate; dish
la **población** population
pobre poor
poco(a) little, small (amount), 5.2
poder (ue) to be able, 7.1
polar polar
político(a) political
los **políticos (parientes)** in-laws, 6
poner to put, 8.1
popular popular, 2.1
la **popularidad** popularity
por about, for, by
    por consiguiente consequently
    por ejemplo for example
    por encima over, 7.2
    por eso therefore
    por favor please, BV

¿**por qué?** why?
porque because
la **portería** goal, **7.1**
el/la **portero(a)** goalkeeper, **7.1**
posible possible
el **postre** dessert, **5.2**
practicar to practice
precioso(a) precious, beautiful, **6.2**
la **preferencia** preference
preferir (ie) to prefer, **7**
preparar to prepare, **4.1**
presentar to present
la **presente** present
la **primavera** spring, **7.2**
primer, primero(a) first, **BV**
el/la **primo(a)** cousin, **6.1**
principal main
privado(a) private, **5.1**
el **problema** problem
el **proceso** process
profesional professional
el/la **profesor(a)** teacher, **2.1**
el **programa** program
el/la **propietario(a)** owner
protestante Protestant
publicado(a) published
público(a) public
el **pueblo** town, **5.1**
la **puerta** gate, **8.1**
  la **puerta de salida** departure gate, **8.1**
el **puerto** port
puertorriqueño(a) Puerto Rican, **2**
pues well
el **punto** dot, **3.1**
  en punto on the dot, **3.1**

Q

quedar to remain
  quedar empatado(a) to end up tied (sports), **7.1**
querer (ie) to want, **7**
que that
¿**qué?** what; how, **BV**
  ¿**qué es?** what is it?, **BV**
  ¿**qué tal?** how are you?, **BV**
  ¿**Qué hora es?** What time is it?, **2**
¿**quién?** who?, **BV**
  ¿**quién es?** who is it?, **BV**
la **química** chemistry, **2.2**

el/la **químico** chemist
la **quinceañera** young woman's fifteenth birthday
quinto fifth, **5.1**

R

rápidamente quickly
rápido fast
el **rasgo** feature
el/la **receptor(a)** catcher (sports), **7.2**
recibir to receive, **6**
reciente recent
reclamar to claim, **8.2**
el **reclamo de equipaje** baggage claim, **8.2**
recoger to pick up, collect, **8.2**
la **red** net, **7.2**
redondo(a) round
reflejar to reflect
el **refresco** soft drink, **4.1**
el **regalo** gift, **6.2**
la **región** region
el **regreso** return
regular regular
la **relación** relationship
relativamente relatively
religioso(a) religious
representar to represent
la **reproducción** reproduction
residencial residential
el **restaurante** restaurant
resultar to result
revisar to inspect, **8**
la **revista** magazine, **5.2**
el **rey** king
rico(a) rich
el **río** river
robar to steal, **7.2**
rojo(a) red
romántico(a) romantic
la **ropa** clothes, **8.2**
rubio(a) blond(e), **1.1**
la **ruina** ruin

S

el **sábado** Saturday, **BV**
sacar to get, receive, **3.2**
la **sala** living room, **4.1**
  la **sala de clase** classroom, **3.1**
la **salida** departure, **8.1**

la **puerta de salida** departure gate, **8.1**
el **tablero de llegadas y salidas** arrival and departure board, **8.1**
salir to leave, **8.1**
el **salón de clase** classroom, **3.1**
el **sándwich** sandwich, **5.2**
el/la **santo(a)** saint
la **sección de no fumar** nonsmoking section, **8.1**
el **sector** section
secundario(a) secondary, **1.1**
  la **escuela secundaria** high school, **1.1**
segundo(a) second, **5.1**
secuoya sequoia
la **seguridad** security, **8.1**
  el **control de seguridad** security inspection, **8.1**
seis six, **BV**
la **selva** rainforest
el **semestre** semester
el **señor** Mr., sir, **BV**
la **señora** Mrs., ma'am, **BV**
la **señorita** Miss, **BV**
separado(a) separated
septiembre September, **BV**
séptimo(a) seventh, **5.1**
ser to be, **1**
la **serie** series
  la **Serie mundial** World Series
serio(a) serious, **1.2**
el **servicio** service
sesenta sixty, **BV**
setenta seventy, **BV**
sexto sixth, **5.1**
sí yes
siempre always, **5.2**
siete seven, **BV**
el **siglo** century
la **silla** chair, **BV**
simple simple
simplemente simply
sin without
  sin embargo nevertheless
  sin escala nonstop
sincero(a) sincere, **1.2**
la **situación** situation
sobre above, over
  sobre todo especially
sobresaliente outstanding
sobrevolar to fly over
el/la **sobrino(a)** nephew (niece), **6.1**

VOCABULARIO ESPAÑOL-INGLÉS

los **sobrinos** niece(s) and nephew(s), **6.1**
la **sociedad** society
la **sociología** sociology, **2.2**
el/la **sociólogo(a)** sociologist
solamente only
sólo only
somos we are, **2.2**
son they/you (pl. form.) are, **2.1**
la **sopa** soup, **5.2**
soy I am, **1.2**
su his, her, your (form.), their
subir to go up, **5.1**
 subir a to get on, to board, **8.1**
la **substancia** substance
los **suburbios** suburbs, **5.1**
sucesivo(a) successive
sudamericano(a) South American
el **suelo** ground, **7**
el **sueño** dream
la **superficie** surface
superior superior
el **sur** south
el **suroeste** southwest
suspenso(a) failing

T

el **tablero** scoreboard, **7.2**; board, **8.1**
 el tablero de llegadas y salidas arrival and departure board, **8.1**
 el tablero indicador scoreboard, **7.1**
el **talón** luggage claims ticket, **8.1**
también also, too, **1.1**
tan so
el **tanto** point (score), **7.1**
tarde late, **8.1**
la **tarde** afternoon
la **tarjeta** card
 la tarjeta de embarque boarding card, **8.1**
 la tarjeta postal postcard, **5.2**
el **taxi** taxi, **8.1**
técnico(a) technical
el **teléfono** telephone, **4.1**
 por teléfono on the phone, **4.1**
la **telenovela** soap opera, **5.2**

la **televisión** television, **4.1**
el **televisor** television (set)
el **templo** temple
tener to have, **6.1**
 tener... años to be... years old, **6.1**
 tener que to have to, **6**
tercer(o) third, **5.1**
terminar to end
el **término** term, word
el **tiempo** time, **7.1**
 a tiempo on time, **8.1**
 a tiempo completo full time
 a tiempo parcial part time
la **tienda** store, **4.1**
la **tierra** land
tímido(a) timid, shy, **1.2**
tinto(a) red
el/la **tío(a)** uncle (aunt), **6.1**
los **tíos** aunt(s) and uncle(s), **6.1**
típico(a) typical
el **tipo** type
tirar to throw, **7.1**
titulado(a) entitled
la **tiza** chalk, **BV**
tocar to play (an instrument), **4.2**; to touch, **7**
todavía yet, still
todo(a) every, all, **4.2**
 sobre todo especially
tomar to take, **3.2**; to drink, **4.1**
trabajar to work, **4.1**
el **trabajo** work, job
 el trabajo a tiempo parcial part-time work
tradicional traditional
traer to bring, **8**
el **tráfico** traffic
el **transporte** transportation
tratar to deal with
 tratar de to be about
treinta thirty, **BV**
tres three, **BV**
la **trigonometría** trigonometry, **2.2**
la **tripulación** crew, **8.2**
triunfante triumphant
triunfar to win, triumph
la **trompeta** trumpet, **4.2**
tropical tropical
tú you (sing. fam.)
tu your (sing. fam.)
la **turbulencia** turbulence
turbulento(a) turbulent

U

Uds., ustedes you (pl. form.), **2.2**
último(a) last
un(a) a, an, **BV**
el **uniforme** uniform
unir to unite
la **universidad** university
uno one, **BV**
usar to use
el **uso** use

V

va he/she/it goes
las **vacaciones** vacation
el **valle** valley
vamos we go, we are going
van they/you (pl. form.) go, **4.1**
variar to vary
la **variedad** variety
varios(as) several
vas you (sing. fam.) go, you are going
el **vaso** glass, **5.2**
veces: a veces sometimes
la **vegetación** vegetation
veinte twenty, **BV**
vender to sell, **5.2**
venezolano(a) Venezuelan
venta: en venta for sale
ver to see, to watch, **5.2**
el **verbo** verb
la **verdad** truth, **1.1**
 ¿no es verdad? isn't it true?, **1.1**
 ¿verdad? right?, **1.1**
el **vestido** dress
la **vez** time
 en vez de instead of
el **viaje** trip, **8.1**
 hacer el viaje to make the trip, **8.1**
victorioso(a) victorious
la **vida** life
viejo(a) old, **6.1**
el **viento** wind
el **viernes** Friday, **BV**
el **vino** wine
el **violín** violin, **4.2**
la **vista** view, **6.2**
la **vivienda** housing
vivir to live, **5.1**

el **vocabulario** vocabulary
volar (ue) to fly
el **vólibol** volleyball, **7.2**
volver (ue) to go back, **7.1**
  volver a to do again, **7.1**
vosotros(as) you (pl. fam.)
voy I go, I am going
el **vuelo** flight, **8.1**
  el/la asistente(a) de vuelo flight attendant, **8.2**
  el número del vuelo flight number, **8.1**
vuestro(a) your (pl. fam.)

Y

y and, **1.2**
yo I, **1.2**

Z

la **zona** district, zone
  la zona postal zip code
la **zoología** zoology

VOCABULARIO INGLÉS-ESPAÑOL

The *Vocabulario inglés-español* contains all productive vocabulary from the text.

The reference numbers following each entry indicate the chapter and vocabulary section in which the word is introduced. For example **2.2** means that the word first appeared actively in *Capítulo 2, Palabras 2*. Boldface numbers without a *Palabras* reference indicate vocabulary introduced in the grammar section of the given chapter. **BV** refers to the introductory *Bienvenidos* lesson.

A

a, an un(a), BV
admission ticket la entrada, 7.2
after después de, 4.1
afternoon la tarde
   good afternoon buenas tardes, BV
agent el/la agente, 8.1
airline la línea aérea, 8.1
airplane el avión, 8.1
airport el aeropuerto, 8.1
algebra el álgebra, 2.2
also también, 1.1
always siempre, 5.2
am soy, 1.2
American americano(a), 1.2
and y, 1.2
apartment el apartamento, 5.1
April abril (m.), BV
are son, 2.1; están, 4.1
Argentinian argentino(a), 2.1
arithmetic la aritmética, 2.2
around alrededor de, 6.2
arrival la llegada, 8.1
   arrival and departure board el tablero de llegadas y salidas, 8.1
to **arrive** llegar, 3.1
art el arte, 2.2
to **assist** asistir, 5.2
   At what time? ¿A qué hora?, 2
   at home en casa, 4.2
   at this moment en este momento, 8.1
to **attend** asistir, 5.2
   attractive atractivo(a), 1.2
August agosto (m.), BV
aunt la tía, 6.1
aunt(s) and uncle(s) los tíos, 6.1
autumn otoño, 7.1
avenue la avenida, 5.1

B

bad malo(a), 1
baggage el equipaje, 8.1
   baggage claim el reclamo de equipaje, 8.2
   hand baggage el equipaje de mano, 8.1
balcony el balcón, 6.2
ball el balón, 7.1; la pelota, 7.2
ballpoint pen el bolígrafo, BV
bank el banco, BV
base la base, el platillo, 7.2
baseball el béisbol, 7.2
basket el cesto, el canasto, 7.2
basketball el baloncesto, el básquetbol, 7.2
bat el bate, 7.2
bathroom el cuarto de baño, 5.1
batter el/la bateador(a), 7.2
to **be able** poder (ue), 7.1
to **be** ser, 1; estar, 4.1
   to be... years old tener... años, 6.1
to **be tied (sports)** quedar empatado(a), 7.1
beautiful precioso(a), 6.2
bedroom el cuarto de dormir, el dormitorio, 5.1
to **begin** empezar (ie), comenzar (ie), 7.1
bicycle la bicicleta, 6.2
big grande, 2.1
biology la biología, 2.2
birthday el cumpleaños, 6.2
to **block** bloquear, 7.1
blond(e) rubio(a), 1.1
to **board** abordar, subir, 8.1
board el tablero, 8.1
   arrival and departure board el tablero de llegadas y salidas, 8.1
boarding pass la tarjeta de embarque, el pase de abordar, 8.1
book el libro, BV
bookbag la mochila, BV
boring aburrido(a), 1.1
boy el muchacho, BV
breakfast el desayuno, 5.2
to **bring** traer, 8
brother el hermano, 2.1
building el edificio, 5.1
bus el autobús, el bus, 3.1
to **buy** comprar, 5.2
   by no means de ninguna manera, 1.1
   by plane en avión, 8

C

calculator la calculadora, BV
captain el/la comandante, 8.2
car el coche, el carro, 3.1
to **carry** llevar, 3.2
cat el gato, 6.1
to **catch** atrapar, 7.2
catcher el/la cátcher, 7.2
chair la silla, BV
chalk la tiza, BV
chalkboard la pizarra, BV; el pizarrón, 3.2
to **check (luggage)** facturar, 8.1
chemistry la química, 2.2
children los hijos, 6.1
city la ciudad, 5.1
civic education la educación cívica, 2.2
to **claim** reclamar, 8.2
class la clase, 2.1
classic clásico(a), 4
classroom la sala de clase, el salón de clase, 3.1
clothes la ropa, 8.2
coffee el café, 5.2
to **collect** recoger, 8.2
Colombian colombiano(a), 1
computer la computadora, BV
copilot el/la copiloto, 8.2
counter el mostrador, 8.1
country el campo, 5.1
course el curso, 2.1
court (sports) la cancha, 7.2
cousin el/la primo(a), 6.1
crew la tripulación, 8.2
customer el/la cliente, 5.2
customs la aduana, 8.2

D

dad el papá, 5.2
to **dance** bailar, 4.2
date la fecha, BV
daughter la hija, 6.1
day el día
   good morning buenos días, BV
December diciembre (m.), BV
departure la salida, 8.1
   arrival and departure board el tablero de llegadas y salidas, 8.1
   departure gate la puerta de salida, 8.1
dessert el postre, 5.2
destination el destino, 8.1
difficult difícil, 2.1
dining room el comedor, 5.1
dinner la cena, 5.2
to **disembark** desembarcar, 8

VOCABULARIO INGLÉS-ESPAÑOL

to **do again** volver a, 7.1
dog el/la perro(a), 6.1
domestic economy la economía doméstica, 2.2
dot punto, 3.1
  on the dot en punto, 3.1
to **dribble** driblar (con), 7.2
to **drink** tomar, 4.1; beber, 5.2
  during durante, 4.2

E

easy fácil, 2.1
to **eat** comer, 5.2
  eight ocho, BV
  eighth octavo(a), 5.1
  eighty ochenta, BV
  elevator el ascensor, 5.1
  English el inglés, 2.2
  enough bastante, 1.1
to **enter** entrar, 3.1
  entrance la entrada, 6.2
  eraser la goma, BV
  evening la noche
    good evening buenas noches, BV
  everyone todos, all, 4.2
  examination el examen, 3.2

F

family la familia, 5.1
fantastic fantástico(a), 1.2
father el padre, 6.1
February febrero (m.), BV
field el campo, 7.1
  football field el campo de fútbol, 7.1
fifth quinto(a), 5.1
fifty cincuenta, BV
fine bien, BV
first primer, primero(a), BV
five cinco, BV
flight el vuelo, 8.1
  flight attendant el/la asistente(a) de vuelo, 8.2
  flight number el número del vuelo, 8.1
floor el piso, 5.1
flower la flor, 6.2
foot el pie, 3.1
  on foot a pie, 3.1
football el fútbol, 7.1
  football field el campo de fútbol, 7.1
for de, 1.1
forty cuarenta, BV
four cuatro, BV
fourth cuarto(a), 5.1
French francés(a), 2.2
Friday el viernes, BV
friend el/la amigo(a), 1.1
from de, 1.1
fun divertido(a), 1.1

G

game el partido, 7.1
garage el garaje, 6.2
garden el jardín, 6.2
gate la puerta, 8.1
  departure gate la puerta de salida, 8.1
geography la geografía, 2.2
geometry la geometría, 2.2
to **get on** subir a, 8.1
to **get** sacar, 3.2
gift el regalo, 6.2
girl la muchacha, BV
to **give** dar, 4.2
glass el vaso, 5.2
glove el guante, 7.2
to **go back** volver (ue), 7.1
to **go** ir, 4.1
  they go van, 4.1
  to go to... ir a..., 6
to **go up** subir, 5.1
goal el gol, la portería, 7.1
goalkeeper el/la portero(a), 7.1
good bueno(a), 1.2
  good evening, good night buenas noches, BV
  good afternoon buenas tardes, BV
  good morning buenos días, BV
good-bye adiós, chao, BV
grade la nota, 3.2
grading la calificación, 3.2
grandchild el/la nieto(a), 6.1
grandfather el abuelo, 6.1
grandmother la abuela, 6.1
grandparents los abuelos, 6.1
ground floor la planta baja, 5.1
ground el suelo, 7
guitar la guitarra, 4.2

H

hand la mano, 7.1
to **have** tener, 6.1
  to have to tener que, 6
he él, 1.1
head cabeza, 7.1
hello hola, BV
history la historia, 2.2
to **hit (sports)** batear, 7.2
hit (sports) el hit, 7.2
home casa, 4.2
  at home en casa, 4.2
home run el jonrón, 7.2
honest honesto(a), 1.2
hoop aro, 7.2
house la casa, 4.1
how much? ¿cuánto(a)?, BV
  How much is it? ¿Cuánto es?, BV
how? ¿qué?, BV; ¿cómo?, 1.1
  How are you? ¿Qué tal?, BV
husband el marido, el esposo, 6.1

I

I yo, 1.2
ice cream el helado, 5.2
in en, 1.1
individual el individual, 7
to **inspect** revisar, 8; inspeccionar, 8.2
inspection el control, 8.1
  passport inspection el control de pasaportes, 8.1
  security inspection el control de seguridad, 8.1
instruction la disciplina, 2.2
instructions las instrucciones, 5.2
intelligent inteligente, 2.1
interesting interesante, 2.1
invitation la invitación, 5.2
to **invite** invitar, 4.2
is es, 1.1
Italian el/la italiano(a), 2.2

J

January enero (m.), BV
jazz el/de jazz, 4
July julio (m.), BV
June junio (m.), BV

K

kind amable, **2.1**
kitchen la cocina, **4.1**
knapsack la mochila, **BV**

L

to **land** aterrizar, **8.2**
language la lengua, **2.2**
late tarde, **8.1**
Latin el latín, **2.2**
to **learn** aprender, **5.2**
to **leave** salir, **8.1**
  left la izquierda, **5.1**
    to the left a la izquierda, **5.1**
  lemonade la limonada, **BV**
  lesson la lección, **3.2**
  letter la carta, **5.2**
  library la biblioteca, **4.1**
to **listen** escuchar, **4.1**
  little poco(a), **5.2**
to **live** vivir, **5.1**
  living room la sala, **4.1**
to **look at** mirar, **3.2**
to **lose** perder (ie), **7.1**
  lunch el almuerzo, **5.2**

M

ma'am la señora, **BV**
magazine la revista, **5.2**
to **make** hacer, **8.1**
  to make the trip hacer el viaje, **8.1**
manner la manera, **1.1**
many muchos(as), **5**
March marzo (m.), **BV**
material la materia, **2.2**
mathematics las matemáticas, **2.2**
May mayo (m.), **BV**
meal la comida, **5.2**
meat la carne, **5.2**
Mexican mexicano(a), **1.1**
midday el mediodía, **2**
midnight la medianoche, **2**
milk la leche, **5.2**
Miss la señorita, **BV**
mom la mamá, **5.2**
Monday el lunes, **BV**
mother la madre, **6.1**
motorbike el ciclomotor, **6.2**
movie la película, **5.2**
Mr. el señor, **BV**
Mrs. la señora, **BV**
music la música, **2.2**

N

nationality la nacionalidad, **1**
nephew el sobrino, **6.1**
net la red, **7.2**
new nuevo(a), **6.2**
news las noticias, **5.2**
newspaper el periódico, **5.2**
nice to meet you mucho gusto, **BV**
niece la sobrina, **6.1**
niece(s) and nephew(s) los sobrinos, **6.1**
night la noche
  good night buenas noches, **BV**
nine nueve, **BV**
ninety noventa, **BV**
ninth noveno(a), **5.1**
noncarbonated soft drink el refresco, **4.1**
none ninguno(a), **1.1**
nonsmoking section la sección de no fumar, **8.1**
noon el mediodía, **2**
not any ninguno(a), **1.1**
  by no means de ninguna manera, **1.1**
notebook el cuaderno, **BV**; la libreta, **3.2**
notes los apuntes, **3.2**
novel la novela, **5.2**
November noviembre (m.), **BV**
number el número, **8.1**
  flight number el número del vuelo, **8.1**
  seat number el número del asiento, **8.1**

O

October octubre (m.), **BV**
of de, **1.1**
old viejo(a), **6.1**
one hundred cien(to), **BV**
one uno, **BV**
to **open** abrir, **8.2**
opposite contrario(a), **7**
other otro(a), **2.2**
out (sports) out, **7.2**
outfielder (sports) el/la jardinero(a), **7.2**
outskirts las afueras, **5.1**
over por encima, **7.2**

P

to **pack the suitcase** hacer la maleta, **8**
paper el papel, **BV**
  sheet of paper la hoja de papel, **BV**
parents los padres, **6.1**
park el parque, **6.2**
party la fiesta, **4.2**
to **pass** pasar, **7.2**
passenger el/la pasajero(a), **8.1**
passport el pasaporte, **8.1**
  passport inspection el control de pasaportes, **8.1**
pencil el lápiz, **5.2**
physical education la educación física, **2.2**
physics la física, **2.2**
piano el piano, **4.2**
to **pick up** recoger, **8.2**
pilot el/la piloto, **8.2**
pitcher el/la pícher, el/la lanzador(a), **7.2**
plant la planta, **6.2**
to **play (an instrument)** tocar, **4.2**
to **play** jugar (ue), **7.1**
player el/la jugador(a), **7.1**
please por favor, **BV**
point (score) tanto, **7.1**
popular popular, **2.1**
postcard la tarjeta postal, **5.2**
potato la papa, **5.2**
precious precioso(a), **6.2**
to **prefer** preferir (ie), **7**
to **prepare** preparar, **4.1**
pretty bonito(a), **6.2**
private particular, privado(a), **5.1**
Puerto Rican puertorriqueño(a), **2**
to **put in** meter, **7.1**
to **put** poner, **8.1**

R

to **read** leer, **5.2**
to **receive** sacar, **3.2**; recibir, **6**
receiver el/la receptor(a), **7.2**

record el disco, **4.1**
referee el/la árbitro(a), **7.1**
to **return** devolver (ue), **7.2**
right la derecha, **5.1**
    to the right a la derecha, **5.1**
right? ¿verdad?, **1.1**
rock de rock, **4**
room el cuarto, la habitación, **5.1**
row la fila, **8**
to **run** correr, **7.2**

S

salad la ensalada, **5.2**
sandwich el sándwich, el bocadillo, **5.2**
Saturday el sábado, **BV**
scale la báscula, **8.1**
school el colegio, la escuela, **1.1**
    high school la escuela secundaria, **1.1**
school escolar, **3.1**
science la ciencia, **2.2**
to **score (sports)** marcar, **7.1**
scoreboard el tablero indicador, **7.1**
screen la pantalla, **8.1**
seat el asiento, **8.1**
    seat number el número del asiento, **8.1**
second segundo(a), **5.1**
secondary secundario(a), **1.1**
security la seguridad, **8.1**
    security inspection el control de seguridad, **8.1**
to **see** ver, **5.2**
to **sell** vender, **5.2**
September septiembre (m.), **BV**
serious serio(a), **1.2**
seven siete, **BV**
seventh séptimo(a), **5.1**
seventy setenta, **BV**
she ella, **1.2**
sheet la hoja, **BV**
    sheet of paper la hoja de papel, **BV**
shopping center el centro comercial, **4.1**
short bajo(a), **1.1**
shy tímido(a), **1.2**
sincere sincero(a), **1.2**
to **sing** cantar, **4.2**
sir el señor, **BV**
sister la hermana, **2.1**

six seis, **BV**
sixth sexto(a), **5.1**
sixty sesenta, **BV**
to **sleep** dormir (ue), **7**
small pequeño(a), **2.1**; (amount) poco(a), **5.2**
snack la merienda, **4.1**
soap opera la telenovela, **5.2**
social science las ciencias sociales, **2.2**
sociology la sociología, **2.2**
soda la gaseosa, **5.2**
soft drink la gaseosa, **5.2**
sometimes a veces, **5.2**
son el hijo, **6.1**
soup la sopa, **5.2**
South America la América del Sur, **8.1**
Spanish el español, **2.2**
to **speak** hablar, **3.1**
spectator el/la espectador(a), **7**
sport el deporte, **2.2**
sports broadcast la emisión deportiva, **5.2**
spring la primavera, **7.2**
stadium el estadio, **7.1**
stairway la escalera, **5.1**
to **steal** robar, **7.2**
to **stop** parar, **7.1**
store la tienda, **4.1**
street la calle, **5.1**
student el/la alumno(a), **1.1**
to **study** estudiar, **3.2**
subject la asignatura, **2.2**
suburbs los suburbios, **5.1**
suitcase la maleta, **8.1**
    to pack the suitcase hacer la maleta, **8**
Sunday el domingo, **BV**

T

to **take off (airplane)** despegar, **8.2**
to **take** tomar, **3.2**
tall alto(a), **1.1**
tape la cinta, **4.1**
taxi el taxi, **8.1**
to **teach** enseñar, **3.2**
teacher el/la profesor(a), **2.1**
team el equipo; (adj.) de equipo, **7.1**
telephone el teléfono, **4.1**
    on the phone por teléfono, **4.1**
television la televisión, **4.1**

ten diez, **BV**
tenth décimo(a), **5.1**
thank you gracias, **BV**
that eso, **3.1**
    at about a eso de…, **3.1**
the el, la, **1.1**
there is/are hay, **5.1**
third tercer(o)(a), **5.1**
thirty treinta, **BV**
thousand one, **BV**
three tres, **BV**
to **throw** tirar, lanzar, **7.1**
Thursday el jueves, **BV**
ticket el boleto, el billete **8.1**
tied empatado(a), **7**
time tiempo, **7.1**
timid tímido(a), **1.2**
too también, **1.1**
to **touch** tocar, **7**
town el pueblo, **5.1**
tree el árbol, **6.2**
trigonometry la trigonometría, **2.2**
trip el viaje, **8.1**
    to make the trip hacer el viaje, **8.1**
trumpet la trompeta, **4.2**
trunk el/la maletero(a), **8.1**
truth la verdad, **1.1**
    isn't it true? ¿no es verdad?, **1.1**
Tuesday el martes, **BV**
twenty veinte, **BV**
two dos, **BV**

U

uncle el tío, **6.1**
to **understand** comprender, **5.2**
unpleasant antipático(a), **1.1**
until hasta, **BV**
    see you later hasta la vista, **BV**
    see you later hasta luego, **BV**
    see you tomorrow hasta mañana, **BV**
    see you soon hasta pronto, **BV**

V

very muy, **1.1**
view la vista, **6.2**
violin el violín, **4.2**
volleyball vólibol, **7.2**

W

to **want** querer (ie), **7**
to **watch** ver, **5.2**
   way la manera, **1.1**
   we are somos, **2.2**
   we nosotros(as), **2.2**
   Wednesday el miércoles, **BV**
   well bien, **BV**
   what? ¿cuál?, ¿qué?, **BV**; ¿cómo?, **1.1**
     What is it? ¿Qué es?, **BV**
     What time is it? ¿Qué hora es?, **2**
     What is today's date? ¿Cuál es la fecha de hoy?, **BV**
   when? ¿cuándo?, **3.1**
   where? ¿dónde?, **1.2**; ¿adónde?, **4**
   which? ¿cuál?, **BV**
   who? ¿quién?, **BV**
     Who is it? ¿Quién es?, **BV**
   wife la esposa, **6.1**
to **win** ganar, **7.1**
   woman la mujer, **6.1**
to **work** trabajar, **4.1**
to **write** escribir, **5.2**
   writing pad el bloc, **3.2**

Y

you are son (pl. form.), **2.1**; están (pl. form.), **4.1**
you go van (pl. form.), **4.1**
you Uds., ustedes (pl. form.), **2.2**
you're welcome de nada, no hay de qué, **BV**
young joven, **6.1**

ÍNDICE GRAMATICAL

a when asking or telling time, **53 (2)**; contraction with the definite article, **102 (4)**; personal *a*, **102 (4)**; after *ir* to express future, **163 (6)**

adjectives singular forms: gender and agreement with noun, **24 (1)**; plural forms: gender and agreement with noun, **48 (2)**; possessive (see possessive adjectives); of nationality, **192 (7)**

al contraction of *a* + *el*, **102 (4)**

-ar **verbs** present tense: singular forms, **73 (3)**; plural forms, **98 (4)**

articles see definite and indefinite articles

dar present tense, **100 (4)**

dates days of the week, **11 (BV)**; months of the year, **11 (BV)**

de contraction with the definite article, **102 (4)**; to express possession, **102 (4)**

definite articles singular forms: gender and agreement with noun, **22 (1)**; plural forms: gender and agreement with noun, **48 (2)**

del contraction of *de* + *el*, **102 (4)**

-er **verbs** present tense, **136 (5)**

estar present tense, **100 (4)**

gender singular forms: of definite articles, **22 (1)**; of indefinite articles, **23 (1)**; of adjectives, **24 (1)**; plural forms: of definite articles, **48 (2)**; of adjectives, **48 (2)**; singular and plural of nouns, **140 (5)**

hacer present tense, **214 (8)**

hay **141 (5)**

indefinite articles singular forms, **23 (1)**

ir present tense, **100 (4)**; *ir a* + infinitive, **163 (6)**

-ir **verbs** present tense, **136 (5)**

irregular verbs present tense: *dar*, **100 (4)**; *estar*, **100 (4)**; *hacer*, **214 (8)**; *ir*, **100 (4)**; *poner*, **214 (8)**; *salir*, **214 (8)**; *ser*, **25 (1)**, **50 (2)**; *tener*, **161 (6)**; *traer*, **214 (8)**; *venir*, **214 (8)**; *ver*, **137 (5)**

numbers from 0–2000, **8 (BV)**

nouns plural, **48 (2)**; agreement with definite article, **22 (1)**, **48 (2)**; agreement with indefinite article, **23 (1)**; gender, **140 (5)**; agreement with adjectives, **24 (1)**, **48 (2)**

plural of nouns, **48 (2)**; of definite articles, **48 (2)**; of adjectives, **48 (2)**

poner present tense, **214 (8)**

possession expressed with *de*, **102 (4)**; see also possessive adjectives

possessive adjectives agreement with noun, **165 (6)**

prepositions *a*, **102 (4)**; *de*, **102 (4)**

present progressive summary, **218 (8)**

present tense singular forms, **73 (3)**; plural forms, **98 (4)**; see also regular, irregular, and stem-changing verbs

regular verbs present tense: *-ar* verbs, **73 (3)**, **98 (4)**; *-er* and *-ir* verbs, **136 (5)**

salir present tense, **214 (8)**

ser present tense: singular forms, **25 (1)**; plural forms, **50 (2)**

stem-changing verbs   present tense: *empezar* (e>ie), 187 (7); *querer* (e>ie), 187 (7); *preferir* (e>ie), 187 (7); *volver* (o>ue), 189 (7); *poder* (o>ue), 189 (7); *dormir* (o>ue), 189 (7); *jugar* (o>ue), 189 (7)

tener   present tense, 161 (6); *tener + años*, 161 (6); *tener que* + infinitive, 163 (6)

time   asking or telling time, 52 (2)

traer   present tense, 214 (8)

tú   *tú* vs. *usted*, 76 (3)

usted   *usted* vs. *tú*, 76 (3)

venir (e>ie)   present tense, 214 (8)

ver   present tense, 137 (5)